すぐに保育に使える！

子どもの感情表現を育てるあそび60

野村恵里 著

中央法規

は じ め に

- -

　まずはじめに！　この本を手に取ってくださった皆さま、本当にありがとうございます。

　本書は、執筆した当人が、完成を心待ちにしていた本なのです。ありがたいことに、出版を楽しみにしてくださった保育者の皆さんにパワーをいただき、超スピードで書き上げることができました。

「保育者のためのアンガーマネジメント入門」「保育者のための子どもの『怒り』へのかかわり方」に続く、第3作目の本書は、「あそびの中で学ぶ感情教育」、野村流にいえば「あそびの中で学ぶ保育気持ちコミュニケーション」をテーマにしています。

　学びは必要だとわかってはいても、保育準備を一番に考えて日々忙しく過ごす保育者は、じっくり本に向き合う時間がないのが現状です。学びたいけど時間がない、そんな悩みを解決できるような本にするには、さらっと読めて、すぐに使える内容にすることが一番。保育の主活動であるあそびと、私が伝えたい「保育気持ちコミュニケーション」を組み合わせれば絶対役立つ本になる、と確信したのです。

　本書の執筆期間中、ずっとワクワクしながらアイデアを文字に起こしてきました。現場で保育をしていた頃、子どもたちにあそびを提案するとき、ワクワク感いっぱいで自分が一番楽しんでいたな〜、と思い出しながら書きました。「すぐに使える！」を大事にしている本なので、付録のワークシートも充実のラインナップです（笑）。

　イラストは、前作と同じ山本尚樹さんにお願いし、私のイメージどおりのワークシートに仕上げてもらいました。使いたいときにコピーするだけで、保育準備完了です。最初から読む必要はありません。興味あるところから、使いたいところから読んでOK。

　保育現場を離れてしまった私にとって、現場のあなたが本書を保育に使ってくれることが、何よりうれしいことなのです。本書のあそびを子どもと楽しむ中で、感情理解力、感情表現力が育まれ、お互いを大切にしあえる気持ちコミュニケーションが自然に身についた！と感じるときが来ることを楽しみにしています。

2020年5月

著者　野村恵里

contents

はじめに

第2章 すぐにできる　感情あそび60 ……………………………… 017

保育者向け

【感情理解】

資　料
- - - -

凡例

本書では原則として、以下のとおり用語を統一しています。

- 子ども、子供、こども→子ども
- あそび、遊び→あそび

第1章

感情あそびの
基礎知識15

01 気持ちコミュニケーションで心を育む

感情理解を深める効果

　本書は、あそびを通して「感情理解力・感情表現力・感情受容力」を育むことを目指しています。紹介しているあそびを保育に取り入れ、楽しみながら感情コントロールの基礎を培うことができれば、子どもは安心感や信頼感で満たされた毎日を自然と過ごせるようになります。子どもをとりまく保育環境が安心できる場となり、素直に感情を表現できる状態が保たれていることで、子どもの感情理解力と感情表現力は高まります。そして、保育者との関係で、気持ちを伝えたら受け止めてもらえる体験、理解してもらえる経験を積み重ねた子どもは、穏やかに生活できるようになります。気持ちを伝えたとき否定されず、非難されず、批判されずに「その気持ち、わかるよ」と言ってもらえる関係性が築けていれば、「できる力・考える力・頑張る力」は自然に育まれていくでしょう。

　保育者とのかかわりでこれらの資質や能力の基礎が育てば、「保育者と子ども」の感情受容の関係が「子どもと子ども」「異年齢」の関係へと広がっていきます。自己の感情理解が深まり、表現し、受容してもらう経験から、相手の感情に目を向けられるようになり、気持ちを聞こうとする姿勢がもてたり、気持ちを受け止めたりする心のゆとりが生まれるようになるのです。

気持ちコミュニケーションを意識したかかわりを

　それでは、どのようにこれらの3つの力を育んでいけばいいのでしょうか。それは、日々の保育で気持ちを大切にしたコミュニケーションをとるだけでいいのです。保育者が感情に敏感になり、情緒豊かに表現していくことが、そのまま子どもたちのお手本になります。

　毎日接する保育者が気持ちコミュニケーション（お互いの気持ちを大切にしたコミュニケーション）を意識しながら子どもと向き合うことで、自然と気持ちを大切にできる心が育っていくのです。■

まとめ
相手の気持ちを大切にしたコミュニケーションを心がけよう

02 自分の気持ちを大切に できる子どもを育てる

▌発達に応じた気持ちの寄り添い方

　0〜1歳頃には、子どもの一つひとつのしぐさや行動から、気持ちを察して言葉にしていきます。「おむつが濡れて気持ちが悪かったね」「いっぱい遊んだから眠たくなったのかな」「もうお昼だから、お腹がすいたね」など、泣いて怒る子どもの行動の裏に隠れている気持ちを一生懸命考えて、言葉にして語りかけます。このようなかかわりを繰り返すうちに、気持ちと言葉が少しずつ一致し始め、気持ちを表す語彙が増えていくのです。

　1歳半頃から2歳、3歳と語彙が少しずつ増えていくなかで、「いやだ」の時期がやってきます。自分の気持ちに向き合えるようになる時期といえるかもしれません。

　この時期にも、「いやだ」と言う子どもの心にある隠れた気持ちを考えて言葉にします。保育者が心のモヤモヤした気持ちを理由や原因とともに言語化すれば、子どもはその言葉を聞きながら、自分の気持ちを整理していきます。

▌保育者が率先して、気持ちを言葉にする

　この段階で少しずつ、自分の感情理解ができるようになります。最初は、「保育者の言語化→自分の感情理解」の繰り返しだったのが、徐々に保育者の言葉を真似し始めるようになります。真似が始まれば、感情表現力が豊かになる合図です。

　大事なのは、保育者がどんどん気持ちを言葉にしていくこと、たくさんの感情を表す言葉を使っていくことです。「気持ちと言葉の一致」を進めていくことで、心に沸き起こるさまざまな感情を放置せず、子どもが自分の感情を大切にできるようになります。たくさんの語彙をもっていれば、豊かな感情表現ができるのです。　　　　　　　　　　　　■

> まとめ
> ### たくさんの語彙が豊かな感情表現につながる

03 行動に伴って湧いてくる感情

自然に生み出される感情に気づく

　私たちは、1日にどれくらいの「気持ち」を感じているのでしょう。あなたにとって、今日はどんな1日でしたか？ 楽しかった？ 疲れた？ 忙しかった？ 頑張った？……感じた気持ちはその1つだけですか？

　一つひとつ思い出してみると、その時々で「気持ち」は変わっていませんか？

　一つ行動すれば、その行動に対する感情が心に湧いてきます。次の行動をすれば、そこでまた新たな感情が心に湧きます。そうやって一瞬一瞬、私たちの心はさまざまな感情を生み出しているのです。自然に生み出される感情に気づけることは、自分の気持ちを肯定することにつながります。「今自分は嬉しいんだな」「今はすごくつらい」「充実感でいっぱい」「めちゃめちゃ頑張っている」などの行動に伴う感情に目を向け「そうそう、今はこんな気持ち」と思えることが、自分の感情理解です。

安心して表現できる環境づくり

　たとえどんなに豊かな体験をしても、自分の気持ちに向き合う方法を知らなければ、感じたり、気づいたり、わかったりできるようにはなりません。保育者がさまざまな工夫をして、豊かな保育をしても、「楽しかったね」の一言で終わらせてしまうと、子どもの心は育ちません。保育者が「先生は今、○○な気持ちだよ」と伝え続けることは、感情表現のモデルになっていきます。その様子を間近で繰り返し見ている子どもは「なるほど。あんなふうに伝えればいいんだ」と表現方法を学びます。

　さらに、保育者が日常的に自分の気持ちを伝えることは、子どもが気持ちを伝えやすい環境づくりにもつながります。どんな気持ちも隠すことなく、安心して表現できる環境は、子どもの資質や能力の基礎の育みを大きくサポートする要素になるでしょう。　■

> **まとめ**
>
> ### 「楽しかったね」で終わらないかかわりをしよう

04 喜の感情

「喜」の感情を子どもと共感する

あなたにとって「喜」の感情は、どんなイメージでしょうか。きっと、ポジティブな感情を思い浮かべる人が多いと思います。「喜」を感じたときに、一緒に喜んでくれる人、「嬉しいね」って言ってくれる人、幸せを分かち合える人がそばにいてくれることは、子どもの心を愛情にあふれた心地よい状態にしてくれます。

保育者は、保育の中で、たくさんの「喜」の感情を子どもと共感する時間を大切にしなければなりません。「喜」を共感することができれば、子どもはのびのびと感情表現することができます。ポジティブな感情は表出しやすいので、保育者にも感じとりやすいでしょう。

自分が喜んだことを相手と共感する経験を繰り返すうちに、相手が喜んでくれることに喜びを感じる時期がやってきます。「喜」の感情は、自分発信の場合も相手発信の場合も、幸せを感じることができるのです。

感謝の気持ちを伝える

感情のエネルギーは伝染します。ポジティブエネルギーをもつ「喜」の感情がクラス全体に伝染すれば、保育しやすい環境が整います。ポジティブエネルギーの「喜」を充満させる簡単な方法は、「ありがとう」と感謝の気持ちを伝えることです。「ありがとう」の大安売りでもかまいません。保育者から感謝されることは、子どもの心に「喜」の感情を注ぎます。それがポジティブエネルギーとなり、子どもの意欲や活力になるのです。

「ありがとう」と感謝されることが当たり前の環境で育った子どもは、「ありがとう」を自然に言えるようになります。「喜」のエネルギーが循環する環境を作れるようになると、人間関係がとても滑らかになります。子どもの心にある「喜」の感情を受け止め、「喜」を満喫できる時間を作ってあげましょう。　■

まとめ

「喜」を満喫できる時間を作ろう

05 怒の感情

怒りの感情を学ぶ効果

　喜怒哀楽の中で一番厄介者扱いされやすいのが「怒」の感情です。

　現在私は、日本アンガーマネジメント協会のファシリテーターであり、コミュニケーション講師として仕事をしています。以前は保護者対象の子育て講演会での登壇が多かったのですが、最近は、地元・岡山県内外から保育者研修の依頼が増えています。自治体や大手の保育関連企業だけでなく、園単独の園内研修でも積極的にアンガーマネジメントを保育に取り入れようとするなど、保育の質を上げるための努力を行う傾向にあります。

　保育者は、さまざまな人間関係の中で仕事をしていきます。同僚や保護者、子どもたちと信頼関係を築きながら付き合っていく際、イライラしたり怒りっぽい状態ではうまくいきません。ところが、わかっていてもイライラしてしまう、怒りすぎてしまうと悩む保育者が多いのです。怒りの感情について学ぶことは、自分自身の感情コントロール力を上げることにつながり、他者の怒りにも上手に付き合えるようになるということです。

自分を高めるモチベーションにする

　怒りは心に自然と湧き上がる感情の1つです。しかし、他の感情に比べてエネルギーがとても強い特徴があります。一日中怒ってばかりで疲れきったという経験はありませんか。心に余裕がないと、保育を楽しむことができません。その状態だと、自分も子どももつらくなってしまいますが、怒りのコントロールがうまくできれば、自分を高めるモチベーションになっていくのです。感情あそびを繰り返していくことで、保育者も子どもも自分の気持ちに向き合う機会が増えていきます。本書では、怒りの感情を爆発させないように気分転換できるあそびや、怒りに関する言葉あそびも紹介しています。子どもたちの育ちに合わせ、必要に応じて試してみてください。　■

> まとめ
> ## 付き合い方一つで保育の質の向上につながる

06 哀の感情

「かなしい」気持ちを遠慮なく表現できる環境を

「かなしい」を漢字に変換すると「悲しい」「哀しい」のほか、「愛しい」もあります。喜怒哀楽で使われているのは「哀」ですが、どの漢字の意味も「心が痛んで泣きたくなるような気持ち・つらく切ない気持ち」です。すると、私たちが感じる「心が痛んで泣きたくなるような気持ち・つらく切ない気持ち」は、状況によって「悲しい」「哀しい」「愛しい」を自由に使い分けることができるともいえます。感情理解力が高まり、自分の心に向き合えるようになれば、今の「かなしさ」が「悲」なのか、「哀」なのか、「愛」なのかを感じ分け、豊かに表現できるようになるのではないでしょうか。

　子どもにとって「かなしい」気持ちを遠慮なく表現できる環境はとても大切です。かなしいとき、いっぱい泣いてその気持ちを心の外に吐き出したとき、「かなしいね、つらいね」と頭をなでてもらったり、抱きしめてもらったりすると、子どもは自然に泣き止みます。もし「かなしさやつらさ」を消化しきれないまま生活を続けると、いつか爆発してしまいます。爆発させることすらできない子どもは、だんだんと無表情になり、心を閉ざしてしまいます。

思いやりの心を育てるために

　かなしい気持ちに寄り添ってもらうことで、子どもは自身の心を整え、前を向いて進むエネルギーを蓄えることができます。かなしみやつらさ、悔しさを乗り越えることは、大人にとってもハードルが高いです。それでも自分を納得させたり、なだめたりして心を調整することができるのは、子どもの頃に自分の気持ちを大切にしてくれる大人のサポートにより、乗り越えられた経験をしたからだと思います。

　乳幼児期にこのようなかかわりを積み重ねると、成長とともに自分で「かなしみ」を乗り越えたり、相手の「かなしみ」を理解し、寄り添える思いやりの心が育ちます。 ■

まとめ

かなしい気持ちを吐き出し、受け止めてもらえる環境が大切

07 楽の感情

意欲を高める最強エネルギー

　子どもが使う感情表現で最も多いのが「楽しかった！　おもしろかった！」という「楽」の感情です。保育者も、子どもの日々の活動が楽しいものになるようにさまざまな工夫をしていますね。「楽」の感情を伴う活動からの学びは、主体的な活動になり意欲が高まるので、子どもの力をグンとアップさせます。

　例えば、運動会や発表会などの大きな行事の活動内容を決めるとき、子どもが楽しめる活動であることを重視するのではないでしょうか。保育者の見栄やエゴを重視して、行事のためだけに準備されたような、やらされ感満載の活動だと、子どもは心から楽しめません。春のスタート時点から行事を見据えて、日々楽しめる活動を子どもと積み重ね、「できること+気持ち」のバランスをとりながら進めていくことで、「楽」な感情を伴う主体的な活動になるのです。皆さんは保育を楽しんでいますか？　「楽」は保育者にも子どもにも、意欲を高める最強エネルギーになる感情といえるのです。

自然と身につくことを目指す

　子どもと共感する手段には、「言語的共感」「身体的共感」「感覚的共感」があります。保育者は、そのときの状況や子どもの年齢に合わせて共感してあげられるといいですね。

　本書は、あそびを通して楽しみながら「感情理解力・感情表現力・感情受容力」を育んでいくことを目指しています。楽しみながらの学びは、子どもの意欲を高めながら感情コントロールの基盤を作ることができます。教えることを重視するのではなく、「感情あそびを楽しんでいるうちに自然に身につく」ことを目指します。

　保育者が喜怒哀楽の感情を理解したうえで、本書を保育に活かしてください。きっと、子どもの感情コントロール力は向上していくことでしょう。あなた自身もぜひ、楽しんでくださいね。■

まとめ

「楽」と「意欲」は比例する

08 心の ウォーミングアップ

感情を表す言葉を身につける

　ここで少し、心のウォーミングアップをしておきましょう。今後、あなたは子どもたちに感情あそびを提案していくことで、たくさんの感情と向き合わなければなりません。自分の気持ちにも子どもの気持ちにも向き合い、理解し、表現し、受容していくために、情緒豊かに表現するための語彙をもちましょう。

　あなたは、感情を表す言葉をどのくらいもっていますか？　思いつく言葉を書いてみましょう。

　どのくらい書けましたか。20個以上すらすらと書けたなら大丈夫でしょう。

感情語をストックしよう

　次に、感情を表す言葉をいくつか紹介します。

　嬉しい・楽しい・幸せ・気持ちいい・スッキリ・満足・爽快・愉快・心地よい・感謝・有難い・可愛い・かっこいい・有頂天・感動・関心・和み・癒される・落ち着く・ワクワク・興奮・高ぶり・懐かしい・愛しい・恋しい・好き・憧れ・尊敬・気遣い・同情

　紹介したのは、ほんの一例です。感情語彙を増やすことは、保育者自身の人間関係も滑らかにしてくれます。どんどんストックして、感情語を使いこなしていきましょう。　■

まとめ
感情を表す言葉は、子どもの心を表出する手助けになる

09 感情語を増やす

感情を表す言葉を身につけることの効果

　子どもたちがもつ感情を表す語彙は限られています。子どもを取り巻く大人の語彙が少ないのだから、子どもたちの語彙を増やすことができないのは仕方ないかもしれません。私が登壇するコミュニケーション研修では、保育者や保護者に語彙を書き出すワークをしてもらいますが、皆さん、なかなか思い浮かばず頭を抱えています。

　ここまで、子どもの心が情緒豊かに育っていくには、気持ちを理解し、表現し、受容してもらうことが大事だとお伝えしてきました。しかし、限られた語彙では、情緒の豊かさを目指すかかわりにも限界があります。4、5歳児クラスであれば、会話や体験からさまざまな言葉を学び、語彙数は2000語を超えます。この時期にできるだけたくさんの感情を表現する語彙を教えておくと、本書のあそびを効果的に活用できるようになります。

保護者支援としての感情あそび

　現在、乳幼児期からスマホやタブレット、ゲーム、SNSに日常的に接し、子どものコミュニケーション能力の低下が懸念されています。核家族や共働き、片親家庭の増加に伴い、子どもと向き合ってお互いに気持ちについて語りあう時間が減るのは仕方ないかもしれません。しかし、保育者ができることを行い、保護者支援として家庭で取り組める感情教育や親子のコミュニケーションツールとしてのあそびを提案することは、今後の親子関係にプラスの効果をもたらすと思います。

　本書では、親子で過ごすちょっとした時間にもあそべる「感情あそび」も紹介します。親子参観日に紹介したり、遠足のお楽しみゲームに取り上げたりして、気持ちコミュニケーションの方法を家庭に発信してください。園でも家庭でも、感情あそびが子どもの日常に存在することで、コミュニケーション能力が向上すると信じています。　　　　　　　　　　　　■

園と家庭の連携で、子どもの語彙を豊かにする

10 感情あそびの使い方

あそびながら子ども理解を深める

　子どもと一緒に感情あそびを楽しむことは、保育者の自己理解と子ども理解を高めることにつながります。子どものあそびと侮るなかれ。保育の質を上げるためのヒントが満載に詰まったあそびです。一緒に遊ぶだけで、一人ひとりの子どもの感じ方や考え方がわかります。

　あそびを繰り返すと、感情理解のトレーニング効果が表れ、子どもの今の心の状態が見え始めます。何が好きで何が嫌いか、どうしたいのかという欲求も伝わってくるのです。感情あそびは自分の気持ちを考えたり話したりすることも多いですが、少しだけ客観的になれるのが特徴です。あそびのルールに沿って、子どもは躊躇することなく気持ちを話せるようです。つまり、保育者はあそびながら個々の子ども理解を深めることができます。

保育者もあそびに加わる

　保育者としてあそびに加わり、自分の気持ちを言葉にして伝えましょう。皆さんの感じている本当の気持ちを、素直に言葉にするのです。子どもたちは一生懸命聞いてくれるでしょう。保育者にもデトックス効果がありますよ。

　保育者が本音で気持ちを語ることが、子どもたちの安心感につながり、気持ちを表出しやすい環境になります。どんなふうに伝えたらいいのかわからず、自信がもてない子どももいるでしょう。「聞いているのだから答えなさい」「ルールだから言いなさい」と強制せず、その場にいるだけでもOKにしましょう。そして、保育者があそびの中で気持ちを伝える様子を見せてあげます。そのうち、保育者の真似をして、自分の気持ちを伝えたくなるときがやってきます。子どもはみんな「先生、あのね」って伝えたいですから。

　そのタイミングを逃さず、「気持ちを聞けて嬉しいよ」と、保育者の気持ちを添えて受容していきましょう。■

まとめ

保育者の本音が子どもの安心感を高める

11 子どもが自主的に あそべる環境づくり

生きる力の基礎になる

　感情あそびが子どもたちの中に浸透したあとは、自由あそびで自主的にあそべる環境づくりをします。第一段階として、設定保育や集いなどの投げかけによって始めた感情あそびを、子ども同士で始められるように準備します。本書の巻末には、あそびで使うワークシートを用意しています。感情あそびが子どもたちの身近な存在になればなるほど、感情理解力・感情表現力・感情受容力のトレーニングが日常的に行われるということです。

　子どもが自己理解を深め、他者理解を深め、気持ちコミュニケーションをとりながら日々の生活を送る力を乳幼児期に育むことができれば、生涯にわたる生きる力の基礎になってくれるはずです。

保護者への発信・協力体制

　あわせて、こうしたクラス活動の様子を保護者に発信することも大切です。保護者への情報提供は、園への興味・関心を高め、協力体制を作る基礎になります。園だよりやクラスだよりを活用しながら、子どもの様子とともに、感情教育の大切さを伝えていきましょう。また、参観日に親子で感情あそびをするなどして、家庭でも取り組めるあそびを提案すれば、園と家庭で子どもの感情理解力・感情表現力・感情受容力を育んでいくことができます。

　子育てに悩みを抱える保護者は多いものです。子育て講演会の感想には、「このままではいけないと思いながらも、どうしていいのかわからず、かかわり方を変えられないまま過ごしていました」というものも多くあります。そんな保護者の悩みを解決するのも、隙間時間や入浴時、送迎の車中でできたりする感情あそびの役割です。本書に収録してある感情あそびの中で「いいな」と思うあそびがあれば、保護者に紹介してください。親子のコミュニケーションタイムを作るきっかけになるかもしれません。■

まとめ

子ども同士・保護者へと輪を広げよう

12 乳児も楽しめる 感情あそび

発達に応じたコミュニケーション

言葉の発達には個人差があり、気持ちを言語化する時期は異なりますが、自分の気持ちを理解しようとしてくれる保育者のかかわりは、赤ちゃん期にも心地よさとして伝わります。1歳半頃から運動機能が発達し始め、どんどん世界が広がり、人や物への興味も高まり、物と言葉の一致が始まり、語彙が増えていきます。

2、3歳になってくると、第一次反抗期といわれるように、自我の芽生え期に入ります。自分と他人の区別がつき始め、自分の思いや欲求を主張するようになります。一方で、友だちの思いや欲求を理解しながらも、それを受け入れることが難しい場面も多く見られる時期でもあります。

保育者は、子どもの仲立ちをする際「ケンカをしません!」とストップをかけるのではなく、気持ちコミュニケーションを意識しながらかかわっていきましょう。一つ行動すれば、その行動に対する感情が心に湧いてきます。次の行動をすれば、そこでまた新たな感情が心に湧きます。保育者がどちらの子どもの気持ちも大切にして言語化すると、自然に生み出される感情に気づくきっかけになり、自分や他者の気持ちを肯定する基礎になります。

子どもの心を安定した状態に整える

ふれあいあそびや表情あそび、歌あそびや運動あそびなどの感情あそびは、低年齢児でも保育に取り入れやすいものです。

乳幼児期にあそびを通して「感情理解力・感情表現力・感情受容力」を育んでいくことを目的とした感情あそびは、生涯にわたる生きる力の基礎を育む「子どもの心を安定した状態」に整えてくれます。子どもが安心感や信頼感で満たされた毎日を過ごすことができれば、「自分にはできる力がある!」「困難を乗り越える力がある!」と自信がつくでしょう。　■

まとめ
発達に応じて、子どもの気持ちを言語化していこう

13 理解することで 高まる同僚性

研修の落とし穴

感情あそびの最後に紹介するのが、職員研修などで使えるあそびです。

近年、保育に求められるニーズが多様化し、担任保育者だけでは抱えきれない問題も増えてきました。一人ひとりの保育の質を高めることに加えて、園全体の保育者が学び合うことも、保育を長く続けていく上で必要になっています。

このように、ともに学び合い、支え合い、園全体の保育の質を高め合う協働的な関係が「同僚性」です。私が勤務していた岡山市の公立保育園でも、園内や地域ごとに定期的に公開保育を行い、保育の専門性を高める勉強会や保育の振り返りをしていました。こういった研修は、保育者にとって大切なものではありますが、一方で、「できる保育者・できない保育者」が明確になるという危険性が伴います。

できる保育者はどんどん自信をつけていきますが、そうでない場合、自信を失うことにもなりかねません。同僚性を高めるための研修が、保育者の心の健康を脅かしては元も子もありません。同僚性は、学び合い、支え合ってこその同僚性です。

感情あそびで、ストレスのかからない職場環境に

保育現場は、女性が大半を占める環境です。良好な人間関係であれば同僚性の高まりが期待できますが、そうでない場合は厳しいでしょう。女性が感情的になりやすいのは、幸せホルモンといわれるセロトニンの生産能力が男性に比べて50%以上も低いからです。つまりストレスのかからない職場環境なら、感情豊かに人とかかわれるということです。

なかには、苦手意識をもったり、考え方に同意できない同僚もいるでしょう。その場合、園内研修で感情あそびをしてみましょう。人間関係がぎくしゃくしているのであれば、保育技術の研修よりもお互いを理解するための時間を作るほうが大切といえます。■

まとめ

園内研修に感情あそびを取り入れよう

14 感情あそびで働き やすい職場づくり

楽しみながら、目的意識をもって取り入れる

本書では、職員研修用として、
- 保育者自身の自己肯定感を高めることを目的としたあそび
- さまざまな立場の人の気持ちについて考え、感情理解力を上げることを目的としたあそび
- ロールプレイでコミュニケーションをとりながら感情表現力を上げることを目的としたあそび
- その場の空気、雰囲気を感じとる力を身につけることを目的としたあそび
- 感情受容力を上げることを目的としたあそび
- 同僚の良さを見つける視点を身につけることを目的としたあそび

などを紹介しています。これらを楽しみながら、目的意識をもって取り組んでください。普段見ることのない相手の新たな一面を見つけることができるはずです。

感情あそびが日常化した保育環境

保育者不足の時代、働きやすい職場環境は保育者の確保に大きく影響します。正規職員と臨時職員、ベテランと新人、管理職と担任など、さまざまな立場の人が、それぞれの思いを抱えながら保育の仕事をしています。「苦手だな」「合わないな」と思う相手でも、研修の機会に相手の思いを知ることができれば、今までとは違った見方ができるようになるかもしれません。

お互いの気持ちを知ることは、コミュニケーションを滑らかにするきっかけになってくれるはずです。子どもと同様に、楽しみながら学ぶほうが吸収力は向上します。本書を手にしたあなたが、感情あそびが日常化した保育環境を作っていきましょう。 ■

まとめ

相手の思いを知ろう

15 感情あそびの効果

身近なあそびに感情教育を取り入れる

　本書は、「感情理解力・感情表現力・感情受容力」を育むことを目的とした、さまざまな気持ちコミュニケーションの方法を「感情あそび」として紹介しています。感情教育を子どもの身近なあそびに取り入れることができれば、「きっと子どもの心は豊かになるはず」という思いから、感情を理解、表現、受容することを、あそびの中で疑似的に体験できるように工夫しました。第2章では、1つの感情あそびを見開きで紹介しています。あそびを「感情理解あそび」「感情表現あそび」「解消法」の3つに分類しています。

どんどんアレンジしていこう

　感情あそびは、子ども向け、職員研修向けで考案しています。子ども向けでは、ふれあいあそびや運動的なあそび、言葉あそびのすごろく、カードゲームなどさまざまなジャンルのあそびと感情をセットにしています。2人組であそぶもの、グループであそぶもの、クラス全体であそべるものがあり、保育者がリーダーとしてあそぶもの、子どもだけでもあそべるもの、親子で楽しめるものもあります。あそび方は、絶対にそのとおりでなければならないということではなく、一緒にあそぶ中で、子どもの心の発達に合わせてどんどんアレンジしてください。ルールに縛られることなく、子どもの言葉やしぐさ、表情などをそのまま受け入れ、安心して感情を表出できることを大切にしましょう。

　後半は、職員研修向けです。職場で働く者同士が相手の気持ちを理解することは、相手の行動の意味を理解することにつながります。「この行動は、○○な気持ちだからだろう」と理解できれば、納得できることも増えてくるはずです。この関係性があれば、お互いに支え合い、認め合い、高め合う協働的な園の運営につながります。それが保育の質の向上であり、園全体の質の向上につながるでしょう。■

まとめ

あそびをあそび尽くそう

第 **2** 章

すぐにできる
感情あそび60

01 こころいろ

あそびの目的

- 心の中には、たくさんの気持ちがあることに気づく。
- 気持ちを表す感情語彙を増やす。

準備・用意するもの

- ワークシート（巻末資料）
- 鉛筆
- 色鉛筆など

あそびの手順

1 ワークシートを1枚ずつ配る。

2 ワークシートの丸の中に、思い浮かぶ感情語を1つずつ書いていく。

きみのこころはどんないろ？

❸ 感情語の記入が終わったら、それぞれの感情に対して自分がイメージする色で枠内を塗っていく。

がんばる→あか
やさしい→ピンク

たのしい→きいろ
あったかい→ちゃいろ

- -

❹ 完成したら、感情語や配色について発表したり、友だちの気持ちを聞いたりして活動の振り返りをする。

あそび方と保育者の配慮

コミュニケーション力や感情コントロール力を上げるためには、感情語彙を増やす必要があります。獲得した感情語を理解できれば、自分の気持ちはもちろん、相手の心の状態をイメージすることができるようになります。イメージすることで、自他の気持ちを大切にできるようになるのです。

巻末にワークシートを用意しています。自分が書き込んだ感情語に色をつければ、ワークシートのハートがカラフルに彩られます。人それぞれ、いろんな色のいろんな気持ちがあってOKです。子どもたちが自由にのびのびと心の気持ちに色をつけられるような声かけをしてください。また、色づけに使う色鉛筆などは、色数が多いとよりカラフルな心模様が描けます。

ワークシートが完成したら、振り返りの時間をとってください。色で視覚化した心や気持ちを友だちと共有することで、ワクワクするような楽しい気持ちを味わえる時間になるでしょう。振り返りの後は、ワークシートを壁面に貼るなどして保護者に紹介し、親子の気持ちコミュニケーションのきっかけづくりにしてください。　■

02 いないいないばあっ！クイズ

> **あそびの目的**
>
> • 相手の表情から、どんな気持ちなのかを察して言葉にする。
> • どうしてその気持ちだと思ったのかという理由を言えるようになる。

準備・用意するもの

• 集いや隙間時間など、保育者と向き合って遊べる環境を設定する

あそびの手順

❶ （1対1、1対集団など）子どもと向き合って座る。

❷ 保育者の表情から、どんな気持ちかあてっこすることを伝える。

❸ 「いないいない」（保育者）で、保育者は自分の顔を隠し、自分が表現する気持ちを考えておく。

④ 「ばあっ!」（保育者と子ども）で、両手を開いて顔が見えるようにする。表情を工夫して、気持ちを表現する。

---

⑤ 再び両手を閉じて顔を隠し、表情をリセットする。

---

⑥ 両手を下ろし、子どもに「先生は、どんな気持ちだったでしょうか」と聞いてみる（慣れてきたらその理由も聞いてみる）。

あそび方と保育者の配慮

　乳児が「いないいないばあっ!」を喜ぶのは、大好きなママや先生の笑顔が「ばあっ!」の合図で現れることをワクワクしながら期待しているからです。子どもたちが小さなころから親しんできたこのあそびを「喜怒哀楽」のテーマに沿って楽しんでみましょう。保育者が表情豊かに表現することで、楽しみながら表情から気持ちを読み取ろうとする力を育みます。

　「嬉しい」「びっくり」など、いくつか気持ちのヒントを出して考えさせてもいいでしょう。保育者の表情を見て、子どもは自分なりにどんな気持ちなのかを考えます。保育者は、子どもがなぜその気持ちを選んだのかという理由を聞き、自分がイメージした気持ちに沿った理由の場合は、「気持ちをわかってくれて嬉しいよ」と伝えましょう。少し感じ方が違った場合、「そんなふうに先生の気持ちを考えてく

れたのね」と受容したあと、「すごく近いけど、先生は○○な気持ちだったよ」と正解を伝えます。■

03 ジェスチャークイズ

あそびの目的

- 非言語コミュニケーション（身体動作）で気持ちを伝える。
- 非言語コミュニケーションのトレーニング。
- 非言語コミュニケーションにおいて、相手の気持ちを読み取る。

準備・用意するもの

- ホワイトボード
- マーカー

あそびの手順

❶ 保育者がモデルとなり、クイズの出題者となる。

❷ 出題者は、非言語コミュニケーションで気持ちを表現する。

❸ 回答者である子どもたちは、出題者の身体動作や表情を観察し、どんな気持ちなのかを考える。

❹ 正解が出たら、出題者を子どもと交代する。

----

❺ 保育者は、子どもが発言した気持ちをホワイトボードに記入していく。

----

❻ 相手の気持ちの察し方は、人によって違いがあることを子どもたちに知らせていく。

あそび方と保育者の配慮

　非言語コミュニケーションは、ノンバーバル・コミュニケーションともいわれ、会話や文字によらないコミュニケーションを指します。表情や身振りだけでなく、服装や距離感なども含まれますが、このあそびでは身体動作の身振り、姿勢、顔の表情、視線、眼の動き、瞬きなどで表現していきます。あそびを通して、非言語コミュニケーションのトレーニングができれば、将来的に人と良好な信頼関係を築けたり、言葉を補完できたり、相手の気持ちを読み取る力の基礎になってくれるでしょう。

　クイズを始める前には、身体動作の種類や方法を伝えて豊かに表現できるようにします。回答する子どもたちには、出題者の身体動作に集中して観察すると、気持ちを理解することができると伝えます。このあそびは、出題者、回答者ともに非言語コミュニケーションを身につけるトレーニングになります。また、回答者の答えを記録すれば、気持ちの受け止め方や察し方は人それぞれ異なることに気づくようになります。違うことは当たり前で自然だと捉えられるよう、サポートしましょう。　■

04 しあわせの積み木

あそびの目的

- 毎日の生活の中には、幸せなことがたくさんあることに気づく。
- どんな小さなことでも、幸せだと思うことが幸せにつながると伝える。
- 幸せを積み重ねて積み木が高くなることで、視覚的な満足感を得ることができる。

準備・用意するもの

- 積み木など、積み重ねられる玩具

あそびの手順

1 3〜4人程度のグループになり、輪になって座る。

2 手持ち用の積み木を配る。

(平らな積み木は1人10個程度。積み木の種類によって変更可)

3 順番を決め、1番目の子どもから、自分が幸せだと思う出来事を友だちに発表する。

④ 発表後、積み木を輪の真ん中に1つ置く。

---

⑤ 2番目の子どもも同じように、自分が幸せだと思う出来事を発表して、積み木を1つ重ねる。

---

⑥ 同じように繰り返し、手持ちの積み木がなくなるまで友だちと協力しながら、しあわせの積み木をできるだけ高く積み上げて、他のチームと幸せの数を競う。

あそび方と保育者の配慮

　ゲームを始める前に、保育者がしあわせだと思うことを子どもたちに話してください。どんな些細なことでも、自分が幸せだと思うことが本人の幸せだということを伝えます。「朝ごはんがおいしかった」「桜の花がきれいに咲いていた」「気持ちいいあいさつができた」など具体的に伝えると、子どもはイメージしやすくなります。

　手持ち用の積み木は、サイズによって数を調整してください。子どもが積み重ねることのできる高さを考慮し、倒れないギリギリの数にすると緊張感が高まり、盛り上がります。真剣に取り組めるので、ゲーム感覚を味わうルールにしましたが、勝敗を競うよりも協力して、しあわせの積み木を全員分積み上げられたことに注目しましょう。

　自分の身のまわりにはたくさんの幸せがあふ

れていることを感じてほしいと思います。幸せで満たされた心は、穏やかな心の状態を保つことにつながります。参観日に、親子がチームになってしあわせを共感し合うのもおすすめです。　　　　　　　　　　　　　　　　　■

05 10ポイント すきすきレース

あそびの目的

- 自分の好きなところをたくさん見つけて自己肯定感を高める。
- 友だちに「いいね」と言ってもらえる喜びを感じる。
- お互いの良さを肯定しあえる関係づくりができる。

準備・用意するもの

- A4用紙に、参加人数×10マスのレース場を描く
- おはじき

あそびの手順

❶ レースに参加する子どものレーンを決めて名前を書く。

❷ 用紙に書かれたレース場の各
レーンに、おはじきを1個ずつ
置く。（10個×レーン数）

❸ おはじきの準備ができたら、参
加する子どもの名前をスタート
部分に書く。

❹ 1レーンの子どもから順番に、自分の好きなところや得意なことを1つ言う。

❺ 他の子どもは、友だちの発表に「いいね」の合図を出す。

❻ 「いいね」してもらったら、自分のレーンのおはじきを1つ獲得できる。その後、次のレーンの子どもが発表する。

あそび方と保育者の配慮

1回のレースに参加する人数は、3〜4人程度がいいでしょう。あまり多すぎると、待つ時間が長くなり集中力が切れてしまします。2人だと、「いいね」の盛り上がりに欠けてしまいます。レース場となる用紙は、使いまわしできるようラミネートしておくと、保育者が毎回準備する手間を省けます。ポイントにするアイテムは、おはじき以外のものでもかまいません。コインやマグネットのほか、手づくりするなど、身近なものを使ってください。

注意点は、「自分が好きなもの」ではなく「自分の好きなところ」です。「歌が上手なところ」「好き嫌いをしないところ」「髪がサラサラなところ」など、自分が得意なこと、普段の行動、容姿について発表してポイントを獲得することを伝えておきましょう。自分自身の良さを再確認することは、自己肯定感の高まりにつながります。■

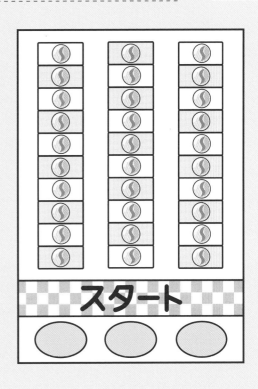

06 あべこべ気持ちクイズ

あそびの目的

• 気持ちにはポジティブな感情とネガティブな感情の両面があることを知る。
• 感情語彙の理解を深め、表現力を高める。

準備・用意するもの

● ホワイトボード
● マーカー

あそびの手順

1 クイズの問題となる感情語をホワイトボードに書く。
（例）すき・こわい・しんぱい・うれしい　など

2 保育者は「あべこべ気持ちクイズ〜！　好きの反対、な〜んだ?」などと問題を出す。

あべこべ気持ちクイズ〜！
好きの反対な〜んだ?

3 子どもから出た答えをすべてホワイトボードに記入していく。

❹ すべての問題が終了したら、「甘いの反対は苦い、これはどうかな?」「甘いの反対はからい、これはどうかな?」など、あべこべ言葉の検証を始める。

----

❺ あべこべ言葉が「あり」なのか「なし」なのかを話し合う。

あ そ び 方 と 保 育 者 の 配 慮

反対の気持ちを見つけるあそびです。ここでは、「高い−低い」「大きい−小さい」などの形容詞や、「寝る−起きる」「勝つ−負ける」などの動詞ではなく、感情語に絞ったあべこべ気持ち言葉探しをします。

保育者は、感情語を意識して出題してください。初めは普段よく使う感情を出題したほうが、子どもたちもイメージしやすいでしょう。また、「あべこべ気持ちクイズ〜! ○○の反対、な〜んだ?」のフレーズは、クイズが盛り上がるよう、少し高めのテンションで投げかけましょう。

子どもから出た回答はすべて記録していきます。答えは一つとは限りません。保育者の判断で「これは違うでしょ」と切り捨てず、子どもたちと一緒に気持ちについて考えます。そのなかで、なぜ「ありなのか」「なしなのか」について意見を出しあって検討することで、理解が深まります。いろいろなとらえ方ができると、子どもの表現の幅も広がります。　■

07 心の音オノマトペ

あそびの目的

- 気持ちを表すオノマトペを知る。
- 「心の音オノマトペ」を使って表現することを楽しむ。

準備・用意するもの

- ホワイトボード
- マーカー

あそびの手順

❶ 「心の音オノマトペ」の例を、ホワイトボードに書く。

❷ それぞれの「心の音オノマトペ」が、どういうイメージかを出しあって話し合う。

❸ 保育者が、「心の音オノマトペ」を使って自分の経験談を話す。

❹ イメージができた子どもにも、同様に発表してもらう。

（「心の音オノマトペ」の例）

ワクワク・ドキドキ・ウキウキ・
ランラン・ニコニコ・キラキラ・
ハラハラ・ズキズキ・キュンキュ
ン・デレデレ・キャーキャー・
ゾクゾク・ガチガチ・ムラムラ・
イライラ・ムカムカ・ブーブー・
メラメラ・ピリピリ・チクチク・
ウルウル・オロオロ・シクシク・
ポロポロ・フワフワ・フラフラ・
タラタラ・モリモリ・シャキシャ
キ・ガツガツ

あそび方と保育者の配慮

　オノマトペは、日本語ではよく使われる表現です。鳴き声や人の声を描写した擬声語、擬声語以外の音をあらわした擬音語、動作や状態を表した擬態語、感情や心理状態を表した擬情語があります。このあそびでは、擬態語と擬情語のオノマトペを「心の音オノマトペ」と呼ぶことにして、取り上げました。

　例にも紹介したように、さまざまなオノマトペがあります。感情語と合わせて「心の音オノマトペ」も使えるようになると、情緒豊かに自分の気持ちを表現できるようになるでしょう。イメージを一致させる必要はありません。それぞれの感じ方は違うので、「心の音オノマトペ」を使って表現することを楽しむようにしてください。

　紹介したもの以外にもたくさんのオノマトペ

があります。子どもと一緒に新語「心の音オノマトペ」を作っても楽しいですね。子どもの想像力・発想力を活かしながら、言葉あそびを盛り上げていきましょう。　　　　　　■

擬態語＆擬情語
↓
心の音オノマトペ

08 きもち～玉つなぎ

あそびの目的

- 友だちにポジティブなエネルギーをつなげる。
- ポジティブな感情語の語彙を増やす。
- テンポよくゲームを進めることで、ワクワク感やドキドキ感を味わう。

準備・用意するもの

- クラスの子どもたちが輪になって並べる広さの場所
- きもち～玉（ドッジボール程度のもの）

あそびの手順

1 子どもたちが輪になって並ぶ。

たのしい

2 保育者も加わり、きもち～玉を隣の子どもに手渡しながら、ポジティブな感情語を伝える。

3 手渡された子ども以外の子どもたちは、6拍分手拍子をする。

④ 手渡された子どもは、6拍を待って感情語を次の友だちに伝える。

---

⑤ 伝えたあとに、きもち〜玉を次の子どもに手渡す。

---

⑥ 全員で6拍分手拍子をしながら、感情語のコールを待つ。

あそび方と保育者の配慮

　気持ちいい心持ちで玉つなぎをしていくあそびです。基本的にはポジティブなエネルギーをつないでいくイメージですが、どんな感情語でもOKです。ただし、きもち〜玉を渡された子どもが、嫌な気持ちになったり、つらい気持ちになる感情語は選ばないように伝えておきましょう。

　きもち〜玉を回すカウントは、6拍と少し長めにとっています。慣れるまでは、ゆっくりのテンポで進めてください。どうしても思い浮かばないときは、同じ感情語が出ても大丈夫です。すぐ前の友だちと同じものはNGです。テンポよくきもち〜玉をまわし、詰まらず何周できるかな。みんなで丸くなって回すので、ドキドキ感やハラハラ感も味わえます。

　このあそびには多くの語彙が必要です。本書のあそびをいくつか楽しんだ後、感情語彙が増えてからのほうが盛り上がります。感情語がしっかり溜まったら、ぜひチャレンジしてください。園内研修にも活用できます。　　　　■

気持ちいい
心になる言葉

悲しい
心になる言葉

09 おはじきはじき

あそびの目的

- 感情語を理解し、自分の体験とその時の気持ちを言葉にする。
- 自分の体験と気持ちを相手に伝わるように話せるようになる。

準備・用意するもの

- A3用紙（6~8分割した円とスタート位置を記入）
- おはじき
- 3〜4人

あそびの手順

1 グループで話し合い、分割してある枠の中に1つずつテーマとする感情語を記入する。

2 順番を決めて、ゲームスタート。

3 1番勝ちは、おはじきをスタート位置に乗せて、円（感情語サークル）に向かって指ではじく。

パチン

④ はじいた先の枠に記入してある感情語に対する自分の経験談を話す。

（はじいた先が枠から外れていれば、次の人に代わる）

----

⑤ 話ができたら、おはじきをもらうことができる。

----

⑥ 4〜6ターンで終了。おはじきをたくさん持っている人が勝ち。

あそび方と保育者の配慮

　A3用紙は、画用紙より表面がつるつるしているコピー用紙がいいです。A3サイズで大きめの紙を使ったほうがはじきやすいでしょう。用紙を縦に使い、手前におはじきを置くスタート位置を決めます。マル印など置く位置がはっきりとわかるほうが、同じ条件ではじくことができます。

　スタート位置と反対側に、感情語サークルを書きます。はじく動作に慣れるまでは、大きめの円にしましょう。ここまでは保育者が準備をします。記入する感情語を子どもに考えてもらうと、体験談をイメージしながらあそびを進めたり、ねらいを定めておはじきをはじいたりできます。ターンを決めておくと、もらえるおはじきの数が限られるので集中して取り組めるでしょう。

　感情理解が深まってきた子どもたちには、テーマとする感情語彙を指定してもいいですね。普段あまり使わない感情語を提示することで、感情語の幅はさらに広がります。例えば、「爽快」「憐れ」「心細い」「戸惑う」「胸に響く」「和む」「じれったい」「憧れる」などはどうでしょう？　インターネットで検索すればたくさんの感情を紹介しているサイトなどもあります。それらを参考にしながら、保育者自身の感情語の幅も広げてください。■

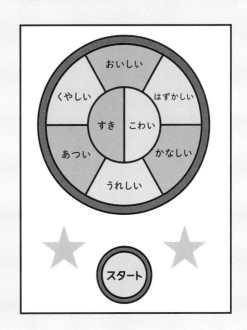

10 おはなしつくろ!

あそびの目的

• 話をするときに筋道を立てて話せるようになる。

準備・用意するもの

● ホワイトボード

● マーカー

● キーワード

あそびの手順

1 ホワイトボードに、おはなしの基本になる定型文を書く。

> **だれ:** _____が、おったとさ。
>
> **いつ:** _____に、おったとさ。
>
> **どこ:** _____に、おったとさ。
>
> **行動:** _____だとさ。
>
> **気持ち:** _____気持ちだったとさ。
>
> **理由:** それは、_____からだとさ。

❷ ホワイトボードに、各項目に関するキーワードを5つ程度書いておく。

（例）

- **だれ**：おとうさん・たろうくん・おんなのこ・らいおん・だんごむし
- **いつ**：おひるごろ・まよなか・はる・むかしむかし・12じ
- **どこ**：ファミレス・くものうえ・ジャングル・ゆうえんち・だいどころ
- **行動**：あそんだ・たべた・おちた・りょうりした・ねた
- **気持ち**：おなかがすいた・ワクワクした・つかれた・びっくりした・すきだった
- **理由**：（各自考える）

---

❸ キーワードを選択しながら、おはなしづくりをする。

あそび方と保育者の配慮

　定型文とキーワードを使うことで、簡単におはなしづくりができます。保育者があそび心をもって、キーワードを提案してください。キーワードの前後には、自由に言葉を足してかまいません。慣れてきたら、子どもがキーワードを考えてもいいでしょう。おはなしづくりでは、1人の子どもがすべて考える完結バージョン、それぞれの項目を6人の子どもが順番に答えるリレーバージョンなど、工夫して楽しんでください。同じキーワードでも、選ぶワードによってさまざまなおはなしができるので、保育者は子どもの発想力にビックリするかもしれません。

　このあそびを繰り返すことで、人とコミュニケーションをとるときに、「いつ、どこで、誰が、何を、どのように、どんな気持ち」について整理して話せるようになります。今後の人間関係づくりの基礎になるあそびです。　　■

11 おはなしビンゴ

> ### あそびの目的
>
> • 自分の感じやすい気持ちの理解を深め、感情の幅を広げる。
> • 人に自分の気持ちを伝える。

準備・用意するもの

- 9マスのビンゴカード（文字が書けるように大きめのマスにする。中心はフリースペース）
- 2〜4人組になる（保育者と子ども、保護者と子ども、子ども同士、異年齢など）
- 鉛筆・消しゴム

あそびの手順

1 ビンゴカードを1枚ずつ渡し、フリースペース以外に、自分が感じやすい気持ちを記入する（計8個）。

★ うれしい	びっくり	★ こわい
すき	🐱	おもしろい
★ いたい	くすぐったい	★ はずかしい

2 2〜4人組になる。

3 グループごとに、順番を決めてゲームを始める。

❹ 1番の子どもは、自分のマスに書いてある気持ちを1つ発表し、その気持ちに関する体験談を話す。

----

❺ 他の子どもは、自分のマスに同じ気持ちがあれば〇で囲んでおく。

----

❻ 同様に繰り返し、縦横斜めのいずれかで〇が3つ揃ったらビンゴ！

あ そ び 方 と 保 育 者 の 配 慮

ビンゴゲームを数字ではなく、気持ちでそろえるあそびです。8つの気持ちをマスに記入することができない場合は、保育者が10〜12程度の気持ちワードを提案してください。ルール説明はホワイトボードを利用して、保育者と子どもたちの対戦で実際に遊んでみるほうがわかりやすいでしょう。

感情と体験を関連づけながら話すことは、自分の気持ちを理解したり表現することの基礎的な力になります。ビンゴをすることが最終目的ではなく、感情と体験を言葉にできているかを大切にしてください。感情と体験をわかりやすく伝えられるようになったら、保育者が感情を指定してみるのもいいですね。

普段子どもが使わないような感情語を指定することで、さらに感情理解が深まります。その場合は、保育者もゲームに参加して、具体的な体験を伝えながら子どもの感情理解と感情表現をサポートしましょう。　■

12 気持ちかるたづくり

あそびの目的

- 気持ちを表す感情語彙を増やす。
- 気持ちが表情に表れることに気づくきっかけになる。
- 行動や出来事には感情が伴っていることに気づく。

準備・用意するもの

- A4コピー用紙（人数分）
- マーカー・色鉛筆など
- ラミネート用紙
- 製作ができる環境
- ホワイトボード

あそびの手順

1 保育者と子どもが協力して、できるだけたくさんの感情語を集める。

2 集めた感情語をホワイトボードに書き出し、担当する感情語を1人1〜2個選ぶ。

❸ 「気持ちかるたづくり」の手順を説明する。

絵札

①4分の1に切ったコピー用紙の下部に、担当する感情語を記入する。

②記入した感情語の気持ちになっているときの自分の表情を用紙に描く。

- -

❹ **読札**

4分の1に切ったコピー用紙に、保育者や友だちに「どう思うか」聞いてみたい場面を記入する。

(例)「友だちとけんかをしたとき」「ピーマンを食べるとき」「抱っこしてもらったとき」

- -

❺ 子どもが作るカードとは別に、「なんでもきもちカード」を作っておく。

- -

❻ 活動後、保育者はカラーコピー・ラミネート加工して補強し、完成させる。

あそび方と保育者の配慮

通常のかるたより大きめですが、子どもが絵や文字を記入するため、A4の4分の1サイズを使用します。感情語の理解ができていないと表情を書くことができません。話し合う時間をとり、感情理解を深めてから活動しましょう。読み札づくりが難しい場合は、子どもと一緒に考えた文章で保育者が作成してもOKです。

保育者は、「なんでもきもちカード」を3枚程度作ってください。今後クラス活動でかるたを使用することを想定し、絵札を複製しておきましょう。コピーした絵札と読み札1セットごとに、色違いの画用紙を台紙にして貼り付けた後ラミネート加工することで、かるたの仕分けがしやく片づけやすくなります。 ■

13 気持ちかるたあそび

> **あそびの目的**
>
> • 人それぞれいろいろな感じ方があることに気づく。
> • 自分の気持ちを整理して伝えられるようになる。

準備・用意するもの

- 4人程度のグループ
- 気持ちかるた

あそびの手順

① 活動前に絵札と読み札を確認し、ルールを説明する。

② 4人程度のグループに分かれて、輪になって座る。

③ 読み札を重ね、伏せた状態で真ん中に置き、その周りに絵札を広げる。

どんな気持ちですか?

❹ 読み札を読む順番を決め、ゲームをスタートする（読み手は1回ごとに変わる）。

①読み札の山から1枚とり、読み札を読む。

（例）「〇〇なとき（けんかをしたとき）どんな気持ちになりますか？」

②読み手を含め、全員自分の気持ちに合う札をとる（絵札がない場合は、なんでもきもちカードをとる）。

③読み手から順番に時計回りで発表する。

（例）「ぼく（私）は、〇〇な気持ちです。理由は、〇〇だからです」

④全員発表できたら、次の人が読み札をとってゲームを進める。

⑤保育者は順番にグループを回り、助け舟を出したり、時々ゲームに参加して子ども理解を深める。

あそび方と保育者の配慮

「気持ちかるたづくり」の展開として取り組みましょう。あそぶ前に読み札と絵札の確認をすることで、感情理解が苦手な子どもも不安なく参加できます。また、読み札の読み方と気持ちの伝え方のロールプレイを何回かしておくとよいでしょう。

読み手は必ず、「どんな気持ちになりますか？」と聞きます。答えるときは、「気持ちと理由」を言語化することが大切です。慣れるまで、理由を伝えるのは難しいかもしれません。「けんかをしたら悲しいです。だって、悲しいから」でもOK。続けていくうちに、保育者や友だちの言葉を聞いて、気持ちの整理ができて伝えられるようになります。あせらずにあそびを続けていくことが、感情理解のトレーニングです。保育者もあそびに加わることで、一人ひとりの感じ方がわかり、子ども理解が深まります。「どんな気持ちもどんな理由も、その人なりの答え」ということを、あそびの中で伝えていきましょう。　　　　■

気持ち＋理由の言語化

14 一緒も違うも どっちも大事!

> **あそびの目的**
> • 人それぞれいろいろな感じ方があることに気づく。
> • 自分の気持ちを整理して伝えられるようになる。

準備・用意するもの

- 2〜3人程度のグループ
- 気持ちかるた

あそびの手順

1 2〜3人で輪になって座る。

2 読み札を重ね、伏せた状態で真ん中に置く。

3 読み札を読む順番を決め、ゲームをスタートする（読み手は1回ごとに変わる）。

①読み札の山から1枚とり、読み札を読む。

（例）「○○なとき（縄跳びができたとき）どんな気持ちになりますか？」

②読み手を含めて全員の「せーの」のかけ声で、自分の手持ちの絵

札を出す（ピッタリの気持ちがない場合は、なんでもきもちカードを出す）。

③読み手は全員の気持ちを確認する。

（例）私とAちゃんは、「嬉しい」で同じ気持ちだね。

B くんは、「楽しい」で、少し違う気持ちだね。

どっちも大事な気持ちだね。

④ 次の読み手に変わり、同様にあそびを続ける。

あ そ び 方 と 保 育 者 の 配 慮

　「気持ちかるたあそび」（42頁）をアレンジ・発展させたあそびです。「気持ちかるたあそび」の読札の読み方と気持ちの伝え方が身についてきたら、ぜひあそんでみてください。このあそびでは、「せーの」のかけ声で、手持ちの絵札を場に出していきます。慣れるまでは、保育者が進行役でかけ声をかけ、それぞれの気持ちを確認しましょう。全員同じ気持ちの場合もあれば、バラバラのときもあります。

　ここで大切にしてほしいのは、「どっちも大事な気持ちだね」のフレーズです。感じ方や考え方は、人それぞれ違っていいことを伝えてください。あそびに慣れてきたら、どうして「嬉しい」のか、「楽しい」のか、その理由も伝えられるといいですね。同じ気持ちでも、理由が異なることもあります。あそびを通して違いを受け入れることができるようになれば、自分が他人と違うことに不安を感じず、他人の違いを排除することなく、良い人間関係を築くことができます。　■

15 気持ちあてっこ

> **あそびの目的**
>
> • 友だちの経験談を聞いて、相手の気持ちを理解する。
> • 友だちに気持ちが伝わるよう、工夫して話ができるようになる。

準備・用意するもの

- 4〜5人程度のグループ
- 気持ちかるた

あそびの手順

① 4〜5人で輪になり、裏向きに重ねた気持ちかるたの絵札を真ん中に置いて座る。

② 順番を決め、1番目の回答者は絵札の山から1枚引く。

③ 周りの友だちに絵札を見せて、自分は見ないようにする。

私だったらママに抱っこしてもらったときかな〜

❹ 回答者の左隣の子どもは、回答者が引いた絵札に対するヒントエピソードを話す。

（例）「私だったら、ママに抱っこしてもらったときにその気持ちになるよ」など

---

❺ 正解が出なければ、次の左隣の子どもがヒントエピソードを話す。

---

❻ 正解したら、2番目の回答者が絵札を引き、同様にゲームを続ける。

あそび方と保育者の配慮

　気持ちかるたのアレンジバージョンのあそびです。ここでは、絵札だけを使用します。人数が多すぎると、順番が回ってこなくて飽きてしまうので、4〜5人程度までのグループ構成がいいでしょう。回答する子どもは、相手のエピソードから気持ちを察しようとする意識がもてるようになります。ヒントを出す子どもは、相手に自分の気持ちを理解してもらえるような言葉を選んで伝えようとするトレーニングができます。

　クイズを始める前に、保育者は「相手の気持ちを理解しようとすること」「相手に伝わる言葉を選ぶこと」が大切であると伝えてください。コミュニケーション力が必要で少し高度なあそびなので、何度かロールプレイをしたほうがいいかもしれません。感情理解が十分にできている就学前の時期に試してください。ここ

で、気持ちコミュニケーション力を育んでおくと、就学後、新しい環境に身を置くことになっても相手の気持ちを想像しながら、自分の気持ちを言葉で表現できることでしょう。　■

「相手の気持ちを理解しようとすること」
「相手に伝わる言葉を選ぶこと」

16 マル秘 はずかし伝言ゲーム

あそびの目的

- 「恥ずかしい」気持ちを理解する。
- 自分が恥ずかしいと思っていることも、話してみることでたいしたことではないと気づく。

準備・用意するもの

- 5〜8人程度のグループ

あそびの手順

① ゲームを始める前に「恥ずかしい」という気持ちについて話し合う。

　*保育者の「恥ずかしい」エピソードを紹介する。

　*友だちの「恥ずかしい」エピソードをバカにしないことをルールとして知らせる。

② グループに分かれて一列に並ぶ。

❸ それぞれの列の先頭は、自分の「マル秘はずかしエピソード」を後ろの友だちに伝言する。

（例）二重飛びができないのですごく恥ずかしい。

この前、帽子を忘れてきたのが恥ずかしかった。

靴を反対にはいて恥ずかしかった

❹ 「マル秘はずかしエピソード」を最後まで伝言し終えたら、最後の子どもは送られてきたエピソードを先頭の子どもに伝える。

❺ 先頭の子どもは、「正解・不正解」のジャッジを行う。

❻ 各グループの伝言ゲームが終了したら、保育者は先頭の子どもに今の気持ちを聞いてみる。

あそび方と保育者の配慮

　4歳頃になると、「恥ずかしい」気持ちから失敗することを恐れたり、目立つことを嫌がったり、知っているふりなどもするようになります。しかし、「恥ずかしさ」に敏感になりすぎると、傷ついたりしんどくなってしまいます。ここでは、思い切って秘密にしたい恥ずかしいエピソードを暴露してあそびます。

　保育者は、あそぶ前に友だちのエピソードをバカにしたり笑いものにしないことを伝えます。大切なのは、「大丈夫だよ」と言い合える関係づくりです。自分の弱さや羞恥心を受け止めてくれる友だちがいることは安心感につながり、挫折を乗り越える勇気になります。最後は、先頭の子どもに気持ちを聞いてみましょう。気持ちが少しでも楽になるような感想が聞けるといいですね。■

大丈夫だよ僕も一緒だよ

17 チームで協力 ヒント気持ちクイズ

あそびの目的

- 状況を思い描き、感情を理解できるようになる。
- 正解となる感情が生まれる状況を、わかりやすく伝えられるようになる。

準備・用意するもの

- 4〜5人で1チーム
- お題になる感情を記入したメモ（チーム数分）

あそびの手順

① 各チーム1人ずつ出題者を決めて、保育者から1つずつお題を受け取る（出題者は、チームのメンバーにお題を見せないよう注意する）。

② 1チームずつヒント気持ちクイズをする。

＊出題者がヒントを3つ出す。

（例）ヒント①　発表会のときの気持ちです。

　　　ヒント②　お客さんがたくさんいて、緊張したときの気持ちです。

　　　ヒント③　間違えたときの気持ちです。

❸ ヒントを聞いたチームメイトは、相談して回答を1つに決める。

❹ 保育者の「答えをどうぞ」というかけ声の後に、チームメイトが連想した気持ちを全員そろって答える。

答えをどうぞ

はずかしい

❺ 正解したら1ポイント、不正解なら0ポイント。

❻ 各チーム順番に、ヒント気持ちクイズをする。

あそび方と保育者の配慮

　ポイントをためるためには、チームのメンバーが状況を思い浮かべ、そのときの気持ちが理解できるようなヒントにしなければなりません。内容的にはレベルが高いあそびになるため、感情理解が深まってからチャレンジするといいでしょう。

　出題者には、答えになる感情語をヒントに入れないよう伝えます。まずは、保育者が②の例に示したようなヒントを出して、出題や回答方法を練習してください。例の答えは「はずかしい」です。保育者は、子どもがイメージしやすい感情語をお題にしてください。伝えるスキルが上達すれば、難易度を上げてもいいでしょう。

　また、ヒントをすべて聞いた後に、グループみんなで考える時間（シンキングタイム）をとります。答えを1つに決めるためには、意見を出しあい、考えを調整する経験も必要です。また、話を注意して聞くトレーニングにもなるので、言いたい気持ちがあっても、最後までヒントを聞くことをルールとして伝えます。　　■

シンキングタイムスタート！

18 心配のタネと にじいろシャワー

あそびの目的

- つらいことや悲しいこと、さびしいこと、心配なことなど、ネガティブな感情を文字にすることで、心のモヤを心の外側に表出する。
- ネガティブな気持ちについて、客観的に解決策を探せるようになる。

準備・用意するもの

- ワークシート（巻末資料）、ホワイトボードなど。クラス活動ではホワイトボードで振り返りの時間をとるのも良い

あそびの手順

① ワークシートを1枚ずつ配る。

② つらい、悲しい、さびしい、心配などのネガティブな気持ちと、その出来事をタネに書き込む。

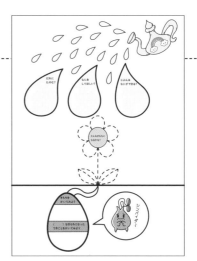

③ 誰かにしてほしいことや頼みたいこと、自分ができることなどをシャワー水に書く。

❹ 点線を結び、花を完成させる。

❺ 欲求がかなったことをイメージしながら、そのときのポジティブな気持ちを花びらに書く。

---

❻ にじいろシャワーと花びらに色づけをしてもよい。

あそび方と保育者の配慮

ワークシートでは、ネガティブ感情と出来事、欲求と行動、解決後のポジティブ感情を記入し、感情を整理しながら表出していきます。自分の気持ちに向き合い、つらさや悲しさ、さびしさ、心配に感じている現実を肯定し、解決方法の視点をもつことをあそびの中で体験します。

ワークシートが完成した後は、必ず振り返りの場を設けます。記入した内容を言葉にすると、気持ちや欲求が明確化します。最後に、ネガティブな感情をポジティブに変えていくための未来志向の行動について、みんなでアイデアを出しあう時間をとります。本人には考えつかなかったようなアイデアが出てくるかもしれません。

ワークシートを共有することで、友だちのつらさや悲しさ、さびしさ、心配などを知るきっかけになり、人の心の痛みに気づけるようになります。■

19 すきすきほっぺ

あそびの目的

• 楽しい、嬉しい、好きなどポジティブな感情をふれあい歌あそびを通して表現する。

準備・用意するもの

● （保育者と子ども、保護者と子ども、子ども同士、異年齢など）**2人組**になる

あそびの手順

① 2人組になる。

② 歌に合わせてお互いの頬、尻（腹）をくっつける。最後は、お互いをギューっと抱きしめる。

すきすきほっぺに ぴったんこ すきすきおはなに
ぴったんこ すきすきおしりに ぴったんこ さいごはすきすき
○○ちゃんぎゅー

❸ 「すきすき」の部分では両手をつないで上下に動かし、リズムをとる。
「ぴったんこ」では、それぞれ指定された部位をお互いにくっつける。
「最後はすきすき○○ちゃん」では、お互いの名前を呼ぶ。「ぎゅー」
では、お互いを抱きしめる。

あそび方と保育者の配慮

　子どもたちが大好きなふれあい歌あそびで、ポジティブな感情を表出させます。肌と肌のふれあいが情緒の安定につながり、安心感や信頼感を高めます。息をあわせて、心地よくぴったんこする行為は、コミュニケーション能力を高めます。繰り返しを好む子どもは、同じフレーズ、リズムでの歌あそびが大好きです。

　ペアの組み方は、設定場面に応じて幅広い関係で楽しんでください。低年齢児でのぴったんこが難しい場合、部位を変えて自由に楽しみましょう。3歳以上児は、少し難しい場所を指定しても面白いです。

　「すきすき○○ちゃん、ぎゅー」で恥ずかしさを感じる4、5歳の子どもには、歌詞を「タッチ!」に変更し、ハイタッチや手合わせをしてもいいでしょう。

　風邪をひきやすい季節は、体調に十分配慮しましょう。また、全員が2人組になれるよう、奇数の場合は保育者が加わるなどの配慮をします。　■

20 まねっこ百面相

あそびの目的

• 喜怒哀楽の感情を、表情で表現することを楽しむ。
• 歌あそびを通して、感情を素直に表現することの心地よさを味わう。

準備・用意するもの

• 特になし

あそびの手順

① 歌を歌いながら保育者のまねをする。

② 喜怒哀楽を表情や声のトーン、身体の動きで表現する。

③ 「イエイ!」「イーダ!」「ルン!」
「ズルン!」はあそび心を添え
て。

④ 最後のフレーズは、元気な声で「おー!」と手を上げる。

あーの おくちで あっはっは いえい いーの おくちで いっいっいーだ

うーの おくちで うっふっ ふるん えーの おくちで えん えん えん ずるん

まねっこ まねっこ ひゃくめんそう おー

あそび方と保育者の配慮

　2〜3歳の低年齢児でも楽しめる歌あそびです。保育者は、大袈裟なくらい顔の表情筋をしっかり動かし、コミカルな表情を作りましょう。「あ」「い」「う」「え」「お」の母音になるフレーズは、大きな口を開けてゆっくり歌うと子どももまねしやすくなります。表情だけでなく、声のトーンを感情ごとに変えたり、身体の動きをつけたりすると盛り上がります。「あ」は「喜」の感情、「い」は「怒」の感情、「う」は「楽」の感情、「え」は「哀」の感情を表現するイメージです。

　各フレーズの最後「イエイ!」「イーダ!」「ルン!」「ズルン!」は、あそび心を添えてみましょう。例えば、「イエイ!」は目の横で横向きピースサインを作ってウインクする、「イーダ!」は、両人差し指で口の両際を広げてみる、「ルン!」

は、両手を握って胸の前にもってきた状態で脇を開きながらひじを上げてみる、「ズルン!」は、鼻水をすすりながら手で鼻の下をこすってみるなど、保育者がイメージするワクワク感を添えて振り付けを考えてみてください。　■

保育者もしっかり楽しんでくださいね!

イエイ!

21 仲良しあっぷっぷ

> **あそびの目的**
>
> • 喜怒哀楽の感情を表情で表現することを楽しむ。

準備・用意するもの

• 2人組になる

あそびの手順

① 喜怒哀楽の感情について、それぞれどんな表情を連想するか話し合う。

② 喜怒哀楽の表情が決まったら、2人組を作り、対決する。

なかよし トントントン あーぷっぷ あっぷっぷ

❹ 「なかよし」の部分では、向かい合って歌いながらうなずき合う。

「トントントン」では、3回両手合わせをする。

「あーぷっぷ」では、両手で自分の顔を隠す。

「あっぷっぷ」では、選んだ喜怒哀楽の表情をして、2人が同じであれば成功。

あそび方と保育者の配慮

　誰しも感情が表情に現れることがあります。相手の表情を見て、気持ちを察することができるようになれば、コミュニケーション能力はぐんと高まります。これは、非言語的コミュニケーション能力にもつながる表情あそびです。

　ポイントは、始める前に各感情の表情を連想させること。「うれしいときは?」「怒ったときは?」とそれぞれの気持ちをイメージさせながら、表情あそびをしておきます。向かい合い、相手がどの表情を選ぶのか観察しながら手合わせをします。最後に両手を開いて相手の顔を見るときのドキドキ感もスリルがあります。対決にすることで、達成意欲も高まります。

　応用編として、クイズ形式にして感情（表情）を連想させてみるのもいいでしょう。「大きな桃から桃太郎が生まれたよ。おばあさんはどんな顔?」「鬼が宝物を盗んでいったよ。桃太郎はどんな顔?」

　このように「あっぷっぷ」で選んだ喜怒哀楽の表情について、「どんな気持ちの顔なのか」を話し合うと、個々がイメージする気持ちの違いにも気づけます。お題について決まりはありませんので、自由に設定してください。■

22 喜怒哀楽にらめっこ

> ## あそびの目的
>
> - 喜怒哀楽の感情を表情で表現することを楽しむ。
> - 表情筋を鍛え、笑顔を増やすことで感情コントロールがしやすくなる。

準備・用意するもの

- 2人組になる
- 手鏡があれば用意する

あそびの手順

① 喜怒哀楽の感情について、それぞれどんな表情を連想するか話し合う。

② 2人組になる。

③

にー　ら めっ え　　にらめっこ　　よろ こんだ か お で　　にらめっこ

❹ 「にらめっこ　にらめっこ」では、向かい合って歌いながらうなずき合う。

「喜んだ顔で」では怒った顔、哀しい顔、楽しい顔など、感情を変えてお題を出す。

「にらめっこ　はい!」では、出されたお題の表情でにらめっこをする。

喜んだ顔で
にらめっこ
はい!!

あそび方と保育者の配慮

子どもの大好きなにらめっこあそびに、喜怒哀楽のお題を出して表情豊かに楽しむあそびです。始める前に「嬉しいときは?」「怒ったときは?」と、感情の表情を連想させながら、表情あそびをします。あそびの中では、それらの表情にユーモアを加えて表現し、にらめっこを楽しみましょう。全員が2人組になれるよう、奇数の場合は保育者が加わるなどの配慮をしてください。

慣れてきたら、「喜んだ顔で」のフレーズを、喜怒哀楽の感情だけでなく、「ビックリ顔」「恥ずかしい顔」「おいしい顔」など感情の幅を広げてみましょう。

顔には約60の筋肉があるといわれています。その筋肉を表情筋といい、表情筋を鍛えることで口角が上がり、にこやかな印象になります。表情と感情は同調するといわれています。喜怒哀楽にらめっこで、表情筋を動かし表情あそびを楽しめば、自然と笑顔が増えていきます。笑顔が増えれば感情も同調し、感情コントロールもしやすくなります。手鏡などを使用し、子どもが表現している表情を確認できるようにしても楽しいですね。

保育者が表情筋をフル活動させて豊かな表情を作り、あそびを楽しんでください。小顔効果も期待できますよ。　■

笑顔よしっ!

にっか～

23 すきすきキャッチボール

> あそびの目的
>
> ● 相手の好きなところを伝えたり、自分が好かれているところを言って
> もらうことで心地よさを感じる。

準備・用意するもの

● 安全に動ける広い場所
● (保育者と子ども、保護者と子ども、子ども同士、異年齢など) 2人組になる
● ボール

あそびの手順

① 2人組になる。

② 相手の好きなところ、よいところを1つ伝えてボールを投げる。
(例)「○○ちゃんの、優しいところが大好きだよー」
「○○くんの、お絵かきがすごく上手だよー」

ゆうくんは
足がはやくて
かっこいいよ

❸ ボールをキャッチしたら、同じように相手の好きなところ、よいところを1つ伝えてボールを投げる。

---

❹ 5回程度キャッチボールを続け、保育者の合図で次の友だちを探す。

---

❺ 新しい友だちと2人組になり、同じようにあそびを始める。

あそび方と保育者の配慮

ボールは「投げる」「転がす」など、年齢によって使い方を変えていきましょう。また、環境は安全に遊べるよう、広い場所を選びましょう。言葉のキャッチボールも行うので、戸外より室内のほうが相手の声を聞き取りやすいかもしれません。

あそび方を説明するときは、ボールは「お互いの大切な気持ちだよ」と伝え、「すきすきキャッチボール」が気持ちと気持ちのやりとりをするコミュニケーションになるよう声かけをします。相手の好きなところにこだわることはなく、すごいと思っていたりがんばっていると思えるところなど、ポジティブな思いであればどんなメッセージでもかまいません。大きな声でポジティブメッセージを伝えることには、モヤモヤ気分の発散効果もあります。

自分の良さをほめてもらったり認めてもらったりすることは、自信や次の行動への意欲・活力につながります。ボールでのキャッチボールが難しい場合には、おはじきやぬいぐるみなどを渡し合うやりとりにしてもいいでしょう。■

ゆきちゃんのおしゃれなところが大好きだよ

24 なかよし♥まりつき

あそびの目的

• 感情語彙を増やす。

準備・用意するもの

● 3〜4人組になる

● まり、ボール

あそびの手順

1 グループで、どんな感情語を知っているかを話し合う。

2 話し合いが終わったら、「なかよし♥まりつき」スタート! 1番から順番にまりをつく（連続でついても、1回ごとにキャッチしてもよい）。

3 感情語の文字数だけまりをついて、バウンドさせる。
（例）すき…2回、きらい…3回、たのしい…4回、おもしろい…5回、うらやましい…6回　など

❹ 次の人にまりを手渡すとき、他のメンバーはバウンドさせた数だけ手拍子をしながら待つ。

（例）すき（バウンド2回）→手拍子2回（まりを手渡す）→たのしい（バウンド4回）→手拍子4回（まりを手渡す）→うらやましい（バウンド6回）→手拍子6回（まりを手渡す）→きらい（バウンド3回）→手拍子3回

---

❺ できるだけ長く続けられるように、メンバーが助け舟を出してもOK。

あそび方と保育者の配慮

感情語を話し合うことで、子ども同士で意欲的に語彙を獲得することができます。まりの上手下手の競い合いではないので、連続つきでも1回つきでもOKです。友だちの言葉に意識を向けながら参加できるように、合いの手の数を変えています。あそび感覚で楽しめるようにしましょう。チームで協力して、たくさんの言葉を出しあい長く続けるために、思いつかない友だちに助け舟を出すのもOKです。続かなかったことを一人の責任とせず、みんなで助け合う方法にすれば後々尾を引きません。

あそびに慣れてきたら、チーム対抗戦にしてもいいでしょう。3分間程度の時間を決めて、各チーム協力してクリアするあそびにすると、盛り上がります。初めの話し合いで、どれだけ感情語を出しあえるかが重要になるので、その

あたりのアドバイスをしておくと充実した相談時間になるはずです。

まりがなければボールでもかまいませんが、バウンドしやすいボールを選ぶようにしましょう。 ■

・・・・・。

げんちゃん
おいしいがあるよ!

25 気持ちのかくれんぼ

あそびの目的

• 感情語彙を増やす。

準備・用意するもの

- ホワイトボード
- マーカー
- 4×4の16マスのかくれんぼシート

あそびの手順

1 ホワイトボードに16マスの表を書く（かくれんぼシート）。

---

2 保育者があらかじめ考えておいたひらがなを、1マスに1つずつ、合計16文字記入する。

---

3 16文字の中にかくれんぼしている感情語を、子どもたちに見つけてもらう。

❹ 見つけた感情語を、ホワイトボードに書き出していく。

（例）イラストのかくれんぼシートの場合

「うれしい・はずかしい・きまずい・むずかしい・あせる・おい
しい・あつい・さむい・まずい・うまい・おしい」

---

❺ 見つけた感情語について、どんな気持ちを表す感情語かを確認する。

あそび方と保育者の配慮

初めは、子どもたちになじみのある感情語が作れる文字を選ぶようにしましょう。できるだけたくさんの感情語を探すあそびなので、同じ文字を繰り返し使ってもかまいません。

皆さんは、左のイラストのかくれんぼシートで、どれだけの感情語を探せましたか？　感情語はどこのスペースの文字を使ってもかまいません。また同じ文字を何度使ってもOKです。多くの感情語に含まれる文字を組み込むようにすると楽しいですよ。

ゲームに慣れてきたら、16人の子どもに文字を1つずつ選んでもらってもいいでしょう。チーム対抗の気持ち探し合戦もおもしろいです。チームで作ったかくれんぼシートのうち、一番多く感情語を見つけたチームが勝ちです。その他、文字数を増やして25マスのシートにすると、さらに多くの感情語探しができるでしょう。

あそびの中で文字を組み合わせながら、自然と感情語の獲得ができるようになります。最後に、感情語の理解を深める時間をとり、見つけた感情語を生活の中で使える言葉にしていくことも大切です。感情語が自分のどんな気持ちを表す言葉なのかがわかれば、子どもの感情表現力はグッと高まるでしょう。　■

26 チーム対抗！虫食い言葉合戦

> **あそびの目的**
>
> • 感情語彙を増やす。
> • 友だちと協力して、感情語について考える。

準備・用意するもの

- チーム（4人程度）に分かれる
- ホワイトボード
- マーカー
- メモ用紙・鉛筆

あそびの手順

① 1人メモ用紙1枚と鉛筆を持って、グループごとに分かれて座る。

② グループのメンバーで被らないよう相談しながら、気持ちを1つずつメモ用紙に記入する。

③ 出し合った気持ちの文字を1つだけ空欄（虫食い）にして、それぞれお題を作る。
（例）「はずかしい→は〇かしい」「あせる→あ〇る」「すき→〇き」など

④ 出題者チームは前に出て、保育者はホワイトボードにお題を書く。

「おだい」
Aチーム　「はO かしい」
Bチーム　「あOい」
Cチーム　「すO」

⑤ その他の回答者チームは、メンバーで相談して虫食いに入るひらがなを考え、順番に答える。

⑥ 正解が出なかったお題の数だけポイントがもらえる。ポイントの多いチームが勝ち。

あそび方と保育者の配慮

　各チームの人数が異なる場合は、多い数に合わせてメモ用紙を配り、お題の数を合わせます。お題の出し方は、保育者がわかりやすいよう、例を挙げて説明しましょう。メモ用紙に記入している気持ちを正解とします。

　例えば「あ○る」の場合、メモ用紙に記入している「あせる」がこの場合は正解です。「あきる」という感情語はありますが、ここでは正解にはなりません。また、「あたる」「あまる」などの動詞も不正解です。保育者は、お題を出す側、回答する側の言葉が感情語かどうかの確認をしましょう。ホワイトボードにお題を書く際、感情語ではない場合はお題を変更するよう伝えてください。

　このあそびは、チームで協力して考えることも楽しみの1つです。回答を考える時間を1分間程度とり、感情語について話し合いができるようにしましょう。

　あそびに慣れて感情語彙数が増えてきたら、虫食いの○を2つに増やすと難易度が上がるので、ポイント獲得のチャンスが増え、ゲームも盛り上がるでしょう。　■

あきる　×
あたる　×
あまる　×

あせる

27 コミュニケーション ジャンケンゲーム

> あそびの目的
>
> • 感情語彙を増やす。

準備・用意するもの --------------------------------

• 4～5人で遊ぶ

あそびの手順 --------------------------------

❶ スタートラインとゴールラインを引く。

----

❷ スタートラインに並び、じゃんけんをする。

----

❸ 勝った人は、気持ちを表す言葉を言いながら、言葉の数だけ前に進む。

（例）すき（2歩）・こわい（3歩）・たのしい（4歩）・はずかしい（5歩）・きもちわるい（6歩）など

④ 1番最初にゴールした人が勝ち。

た・の・し・い

あそび方と保育者の配慮

　ジャンケングリコの感情語彙バージョンです。ジャンケングリコでは、グー・チョキ・パーでそれぞれ言葉が決まっていますが、このゲームでは、勝った人が自分で感情語を考え、その文字数だけ進めるというものです。

　ここで紹介しているほかにも、室内用にアレンジすることもできます。マス目が書いてある紙を使って、ボードゲーム的にコマを進めていくあそび方でも楽しめます。繰り返し使えるように、ラミネート加工しておくといいでしょう。感情語彙の幅が増えてきた頃に取り上げると、あそびも盛り上がります。知っている感情語彙の中から、できるだけ多く歩数を進められる言葉を考えられるようになります。ゴー

ルを目指すゲームなので、語彙が少ない子どもは、語彙の多い子どもの言葉を聞いて、自主的に覚えようとするでしょう。

　保育者は、スタートラインとゴールラインを引いて環境を整え、あそびに誘ってみましょう。クラス活動で取り組むというよりは、自由あそびの時間に子ども主体であそべるようにしておくと、感情語彙の獲得が自然に増えていきます。ゴールするときには、歩幅がピッタリ合うように、選ぶ感情語彙や進んでいく歩幅などを工夫するのも楽しいですね。何度か繰り返すうちに、保育者がいなくてもあそびが進められるようになります。　　　　■

かっこいい

おなかがすいた

だいすき

28 いいとこ、知ってる?

> ### あそびの目的
>
> ● 友だちの長所に気づけるようになる。
> ● 自分の長所に気づけるようになる。
> ● 自己肯定感が高くなる。

準備・用意するもの

● 円になって座る

あそびの手順

❶ 保育者も加わり円になって座り、ゲームスタート!

❷ 時計回りに言葉のかけ合いをする。

（例）

A：私のいいとこ、知ってる?

B：知ってるよ

A：私のいいとこ、教えてください

B：Aさんのいいとこ、やさしいところ

A：わたしのいいとこ、やさしいところ。
　　ありがとうございます

B：どういたしまして

❸ 次は、Bさんが隣のCさんに、「私のいいとこ、知ってる?」と進めていく。

----

❹ 1周したらおしまい。

あそび方と保育者の配慮

保育でもよく取り上げる「いいところさがし」のゲームです。あそびのポイントは2つです。1つは、普段なかなか聞けない長所について、自分で友だちに「いいとこ、知ってる?」と尋ねるところです。ここでいう「いいとこ」とは、相手がうれしいと思えることなら何でもOKです。例えば、やさしいところ、かっこいいところ、足が速いところ、絵が上手なところ、髪型がかわいいところ、お世話上手なところ、先生のお手伝いができるところなど、伝える側が「すごいな、すてきだな、いいな」と思うことを話してあげるよう伝えましょう。

もう1つは、友だちに教えてもらった自分の長所を「わたしのいいとこ、○○なところ」と繰り返して言葉にすることです。言ってもらったことを受け取って、自分で言葉にして、感謝の気持ちを伝えます。言葉にすることで、自分の中にそのよさがストンと入り、心地よさに変わります。だからこそ、素直に「ありがとう」の言葉が伝えられるようになるのです。

この一連の言葉のやりとりは、そのままコミュニケーション能力の向上につながります。相手を思いやる言葉のキャッチボールが身につけば、普段の会話のやりとりも違ってくるでしょう。　■

相手を思いやる言葉の
キャッチボールが身につきます!

29 応援メッセージ

> あそびの目的
>
> ・友だちの長所に気づけるようになる。
> ・自分の長所に気づけるようになる。
> ・自己肯定感が高くなる。

準備・用意するもの

- ピアノまたは曲を流せる音楽機器
- タンバリン
- ホールなど広い場所

あそびの手順

① 保育者は元気に歩ける曲をピアノで弾く（ピアノがなければ、音楽機器で曲を流してもOK）。

② 子どもは曲に合わせて元気に歩き、曲が止まったらその場でストップする。

③ 保育者はタンバリンを叩く。

シャンシャン

2回だ！

2人組だよ

④ 子どもは、タンバリンの音数の人数で集まり、手をつないで座る。

（例）タンバリン2回→2人組、タンバリン4回→4人組

---

⑤ 集まったグループのメンバー全員が応援メッセージを送り合う。

（例）4人組の場合、1人に対して3人が応援メッセージを送る。
「Aくんは、嫌いな人参を食べるのがんばっているね」「Aくんは、砂場でお山を作るのがんばってるね」「Aくんは、カタツムリのお世話をがんばってるね」など

---

⑥ 終わったら、同様に歩き始め、グループを作って応援メッセージを送り合う。

あそび方と保育者の配慮

あつまりっこあそび（合図を聞いてあつまるあそび）をアレンジした感情あそびです。ピアノやCDを使って、バックミュージックを流して楽しい雰囲気であそべるようにしましょう。タンバリンを使って人数を知らせるようにすれば、ストップした時、音に意識が向きやすくなります。1対1で応援メッセージを伝え合うほうがやりやすいので、慣れるまでは2人組の繰り返しがよいでしょう。いろいろなメッセージが聞けるので、同じ人ばかりではなく違う相手を選ぶように伝えてください。人数が合わずグループに入れない子どもが出る場合には、保育者が加わって人数調整をしましょう。

人数を増やすと、応援メッセージの数が増えるため、あそびが高度になります。仲間意識が高まり、友だちに興味をもってかかわる就学前であれば、4人組でも伝え合いが可能になるでしょう。■

としくんは嫌いな人参を食べるの頑張ってるね

まいちゃんは砂場でお山を作るの頑張ってるね

30 すき・きらい どっちっち?

あそびの目的

- 自分の好きと嫌いという気持ち、その理由を伝えられるようになる。
- 友だちの気持ちを聞き、感じ方とその理由は人それぞれ違うことを知る。

準備・用意するもの

- ホワイトボード
- マーカー
- マグネット付き個人カード（名前・顔写真など）
- お題を考えておく

あそびの手順

① ホワイトボードにお題を書き、「すき」のスペースと「きらい」のスペースを作る。

② 子どもは、自分が好きか嫌いかを決めて、それぞれのスペースに個人カードを貼り付ける。

❸ 全員が貼り付けたら、好きチームと嫌いチームに分かれて座る。

---

❹ 保育者が進行役となり、それぞれの理由を順番に聞いていく。

（例）なぜ、〇〇のことを好き（嫌い）だと思うのかな？

---

❺ それぞれのチームの意見がしっかり出しあえたら終了。

---

❻ 最後に、好きチームの意見と嫌いチームの意見の振り返りをする。勝負をつけるのではなく、いろいろな考え方があることを伝える。

あそび方と保育者の配慮

「ピーマン」「にんじん」などの名詞や「歌を歌う」「かけっこ」「お絵かき」などのあそびで、子どもがイメージしやすいお題にします。初めは答えやすくて意見が分かれそうなお題にしましょう。勝敗や正誤を決めるのではなく、それぞれに感じ方があり、その理由もさまざまであることを知る機会を作ります。

進行役の保育者は、子どもの答えを整理していきます。「Aちゃんは、ピーマンが苦いから、嫌いだと思うのね」「Bちゃんは、焼き肉と一緒に食べるとおいしいから好きだと思うのね」など、「〜だから好き（嫌い）」を言葉にしていくことで、子どもは自分の気持ちを整理できたり、友だちの気持ちに納得できたりします。このやりとりが習慣づけば、自分の気持ちを伝えやすくなります。

個人カードは、1人1枚作っておくと便利な

ので、この機会にぜひ作ってみてください。ラミネートして、裏にマグネットを貼ると長持ちします。　　　　　　　　　　　　■

ラミネートをして
裏にはマグネット
を貼る

31 う・れ・し・い・は・な・し

あそびの目的

- 友だちに自分のうれしい話を聞いてもらうことを喜ぶ。
- 友だちの話に耳を傾け、うれしい気持ちに共感する。
- うれしい気持ちが伝わるように、言葉を選んで話せるようになる。

準備・用意するもの

- 4～5人で輪になる

あそびの手順

1 リーダーを1人決めて、輪になって座る。

2 リーダーは片手、そのほかの子どもは両手の甲を上にして前に出す

う・れ・し・い・は・な・し
お・し・え・て

3 リーダーは自分の手をスタートにして、時計回りに「う・れ・し・い・は・な・し・お・し・え・て・ね」と1文字ずつ指さしていく。

④ 「ね」に当たった子どもは、手のひらを上向きにひっくり返す。ひっくり返した次の手から始めるが、手の甲だけを数えていく。

⑤ 両手がひっくり返った子どもは、手を下げて輪から外れる（リーダーは片手がひっくり返ったら下げる）。

⑥ 最後まで残った子どもに、全員で「うれしい話を教えてください!」とコールし、うれしかったことを話してもらう。

あそび方と保育者の配慮

　うれしい話を聞いてもらうのは気持ちがよいものです。ここでは、早く話したいというワクワクした、はやる気持ちを感じながらあそびを楽しんでほしいと思います。リーダーになった子どもには、指さしをゆっくりするように伝えます。特に手をひっくり返してからは、混乱することもあるので、あせらなくてもいいと伝えると、安心してあそべます。何度か繰り返してあそぶ場合には、うれしい話を披露した子どもが次のリーダーになると、もめずにすむでしょう。

　最後まで残った子どもへのコールを全員で行うと、話を聞く準備を整えやすくなります。うれしい話を聞いているほかの子どもは、拍手をしたり、「よかったね」「それは、うれしいね」など、態度や言葉で共感の気持ちを表現します。せっかくうれしい話をしたのに、反応がないと気持ちが沈んでしまいます。このあそびは、人の話に共感しながら聞くことのトレーニングにもなります。 ■

32 ありがとうミッション

あそびの目的

- 「ありがとう」の言葉を伝えることで、自分も相手も心地よくなる感覚を味わう。
- 誰かにやさしくしてもらったり、助けてもらったりすることに気づく。
- 普段の生活の中で自然に「ありがとう」の言葉が使えるようになる。
- 「どういたしまして」と答えることの気持ち良さを味わう。

準備・用意するもの

- 特になし

あそびの手順

① 「ありがとうミッション」の説明をする。

- **作戦その1**…誰かにやさしくしてもらったり、助けてもらったりしたときに「ありがとう」と言う。
- **作戦その2**…誰かから「ありがとう」と言われたら、「どういたしまして」と答える。
- **作戦その3**…1日1つ以上「ありがとうミッション」をクリアさせる。

❷ 保育者が「ありがとうミッション」の参考事例を伝える。

(例) ● A先生に、お楽しみ会の準備を手伝ってもらったときに「ありがとう」って言ったよ

● 園長先生に、ハンカチを拾ってもらったときに「ありがとう」って言ったよ

● B先生に、「お絵かき上手ね」って言われたときに「ありがとう」って言ったよ

❸ 帰りの集いで、ミッションを達成できたかどうか、話を聞く時間をとる。

あそび方と保育者の配慮

　人とうまく付き合える人は、感謝の気持ちを素直に伝えられる人が多いです。このあそびのミッション（ここでは作戦という意味）は、人とうまく付き合うためのトレーニングになります。「ありがとう」「どういたしまして」の言葉は、心地よいかけ合いです。これからたくさんの人とかかわりながら生きていく子どもたちに、使えるようになってもらいたい言葉の一つです。

　子どもにかかわる保育者も、身のまわりにあるたくさんのありがとうに気づける保育者になりましょう。その姿が、子どものモデルになります。保育者と子どもの信頼関係や、クラスの仲間意識の高まりも期待できるミッションになるはずです。■

33 親子の幸せメッセージ

あそびの目的

- 親子の信頼関係を深める。
- 親子でお互いの好きなところを伝え合うことで、幸せを感じ合う。
- 普段伝えられていないことを言葉にすると、お互いに大切な存在であることが確認できる。

準備・用意するもの

- 特になし
- 参観日や親子ふれあい会などの場で親子でペアになる

あそびの手順

---

1 親子ペアで手をつなぎ、向かい合って座る。

--- --- --- --- --- --- --- ---

2 準備ができたら、親が子どもの「ここが好き」というポイントを1つ伝える。

(例) ・「お母さんは、○○ちゃんのニッコリ笑った顔が大好きよ」

・「ママは、○○くんの元気な歌声が大好きよ」

幸せだな〜

❸ 子どもは、幸せメッセージを聞いたら「幸せだな〜」と言葉にして実感する。

❹ 子どもが親の「ここが好き」というポイントを1つ伝える。

(例) ●「私は、お母さんが手をつないでくれるのが好き!」

●「ぼくは、お母さんのおなかのお肉が好き!」

❺ 親は、幸せメッセージを聞いたら「幸せだな〜」と言葉にして実感する。

❻ 何度も繰り返し、幸せメッセージを送り合う。

あそび方と保育者の配慮

乳幼児期の子どもたちは、親のことが大好きです。そしてもちろん、親も子どものことが大好きです。しかし、そのことを子どもに伝えていない親も多いようです。当たり前すぎて、あえて言葉にしていないのかもしれませんが、「あなたのことが大切よ」「あなたのことが大好きよ」と伝えずに怒ったり叱ったりすると、子どもは親の愛情を確認できません。これは、親子の愛情を確かめ合い、幸せ感に浸ってもらうあそびです。

あそびを説明する際、視覚・聴覚・味覚・触覚・嗅覚すべてで感じる好き好きポイントを言葉にするよう伝えましょう。例を示し、どんな些細なことでもかまわないと伝えます。好き好きポイントは交代で1つずつ伝え、毎回必ず「幸せだな〜」「嬉しいな」など、幸せ感を言葉にして愛情を満喫し合ってもらいます。親子の絆を深めてくれること間違いなしです。■

好き好きポイントはここがポイント!

視覚 触覚 聴覚 味覚 嗅覚

34 お気持ち インタビューごっこ

> ### あそびの目的
>
> - 相手の気持ちを上手に引き出せるようになる。
> - 自分の気持ちを整理しながら話せるようになる。

準備・用意するもの

- 手づくりマイク

あそびの手順

1 インタビュアーとインタビュイーをそれぞれ決める。

2 インタビュアーはマイクを持ち、「あなたの〇〇こと（うれしい、哀しい、好きなど）を教えてください」と質問をする。

3 マイクをインタビュイーに向ける。インタビュイーは質問に答える。
（例）「〇〇ことは、野球をすることです」

④ インタビュアーは、答えを反復したあと、「それは、なぜですか?」と理由を尋ねる。

---

⑤ マイクを向けられたインタビュイーは、質問に答える。
（例）「ピッチャーがかっこいいからです」

---

⑥ インタビュアーはインタビュイーにお礼を言って終わる。

あそび方と保育者の配慮

インタビューするのは「気持ち」についてです。慣れるまでは、保育者がインタビュアー役をしましょう。インタビュアーが質問の答えを反復することで、相手は受容してもらえた気持ちになれます。「あなたが好きだと思うことは、野球をすることなのですね。ではなぜ、野球をするのが好きなのですか?」という具合です。次の質問の答えを聞いたときも、同じように反復して受容します。インタビューの最後は、気持ちを聞かせてもらったことに対するお礼を言うようにしましょう。

慣れてきたら、子ども同士でインタビューごっこをすることで、自然と相手の気持ちを聞くコミュニケーションスキルが身についていきます。小道具のマイクがあれば、雰囲気も盛り上がります。製作活動で、個人用マイクを作ってもいいですね。■

あなたの好きなことを教えてください

インタビュアー

好きなことは野球をすることです

インタビュイー

35 ホントの話は、あのねのね

あそびの目的

- いつもは言えないことを、あそびの中で伝えていく。
- 本当はどうしたいのかという願望を話す。
- 時には願望が叶うこともあると知る。

準備・用意するもの ------------------------------

- 朝夕の集いの時間などに行う

あそびの手順 ------------------------------------

① 保育者が自己開示をする。

（例） ホントの話は、あのねの
ね。先生は、アイドルにな
りたかったのよ。だから、
お楽しみ会でお洒落をし
てAKB48みたいにダンス
をするのが楽しみなんだよ

② 言いたい子どもがいれば、順
番に発表してもらう。

❸ 願望が叶いそうであったり、解決しそうな内容だったりする場合、クラスでアイデアを出し合って考える時間をとる。

---

❹ 保育者は、子どもの願望を書き留めておく。

---

❺ 引っ込み思案な子どもやあまり自主的に発言しようとしない子どもにも、発表のチャンスを作る。

---

❻ 全員のホントの話が書き留められたら、クラスだよりや壁面にして保護者に子どもの願望を紹介する。

あそび方と保育者の配慮

「ホントの話は、あのねのね」というフレーズから始めると、あそび感覚で希望、願望、欲求を告白しやすくなります。普段は恥ずかしくて言えないことも、あそびを通してゲーム感覚で伝えられます。繰り返すことで「本当は○○と思う」など、自分の意見を伝えるトレーニングになります。

基本的には、「自分軸」の願望の告白です。「お母さんにやさしくなってほしい」「お父さんにおもちゃを買ってほしい」など「他人軸」の願望にならないように伝えましょう。他人は変えられなくても「自分軸」の願望ならば叶う可能性もあるからです。努力や工夫で願望が叶えば、自信につながります。「自分軸」で話が

できるようになれば、「誰かのせいで○○できない」という考え方も減るでしょう。　　■

ホントはピンクじゃなくて青が好き

36 先生に宣誓

> ### あそびの目的
>
> - なりたい自分の姿を思い描き言語化することで、ポジティブな気持ちになれる。
> - 自分の宣言を、クラスみんなで共有することで意欲が高まる。
> - 保育者や友だちに応援してもらうことで勇気づけになる。

準備・用意するもの

- コピー用紙を4分の1程度に切った紙
- 鉛筆か色鉛筆
- ホワイトボード
- マーカー

あそびの手順

1 子どもは、なりたい自分の姿をイメージし、そうなるために何をするかの行動を宣誓用紙に記入する。

（例）
- 縄跳びを100回続けて跳ぶ！ にんじんが食べられるようになる!コマを回せるようになる!
- 毎朝縄跳びをする。お肉と一緒に野菜を食べてみる。ひもを丁寧に巻いて、横から投げる

② 記入できたら保育者に渡す。

---

③ 保育者は、ホワイトボードに3人程度の宣言を書き写していく。

---

④ その宣言が誰の宣誓なのか、簡単なヒントを出しながらクイズを出す。

---

⑤ 正解者が出たら、宣言した本人が「～になるために～します!」と宣誓する。

ぼくは、なわとびを100回跳ぶために、毎日練習します!

---

⑥ 同じように、次の3人の宣誓クイズに進めていく。

あそび方と保育者の配慮

　4～5歳児では「大きくなったら…」など将来の自分に夢をもつようになります。このあそびでは、どんな自分になりたいのか、そうなっている自分の姿をイメージすることを楽しみながら取り組みます。現実にするために、「今、自分は何をするか」を決めて宣言します。「～したい」「～と思う」という曖昧な言葉は使わず、「～する」「～なる」と言い切ってしまうのがポイントです。自分の宣言を、友だちに当ててもらうのもうれしいですね。

　正解が出たら、本人に宣誓してもらいましょう。意識が高まり、やる気がみなぎります。みんなの前で宣誓することで、友だちの協力が得られるかもしれません。子どもが多い場合は、集いの時間などを利用してもいいでしょう。最終的には、必ず全員が宣誓できるようにしてください。　　　　　　　　　■

37 気持ち連想ゲーム

> あそびの目的
>
> ● 自分の気持ちを素直に表現する。
> ● 感情を思い浮かべ、連想することを楽しむ。
> ● 感じ方は人それぞれ違うことに気づく。

準備・用意するもの

● ホワイトボード
● マーカー

あそびの手順

1 あそびのルールを説明する。

① 「もの（名詞）」と言ったら「気持ち」

（例）「もの（名詞）」…レモン・おばけ・遊園地・運動会・お昼寝・
　　　お母さん・絵本・ブロック・お絵かきなど

② 拍手4回

③ 「気持ち」と言ったら「もの（名詞）」

④ 拍手4回

⑤ 繰り返し

（例）レモンと言ったら「すっぱい」→
　　　酸っぱいと言ったら「うめぼし」
　　　→梅干しと言ったら「嫌い」など

①レモンといったら『すっぱい』

③すっぱいといったら『うめぼし』

②拍手4回
パンパン
パンパン

② 同じ「もの（名詞）」「気持ち」が出てもOK。

- -

③ 1周目は、言葉に詰まってもいいので、全員が参加できるようにゆっくり行う。

- -

④ 2周目から本格的なゲームをスタートさせる。

- -

⑤ 拍手4回後、リズムに乗って連想できなかった場合は、輪から抜け、輪の真ん中に座る。

- -

⑥ 人数が減ってきたら、拍手2回にしてスピードを上げていく。

あ そ び 方 と 保 育 者 の 配 慮

- -

　「もの（名詞）」から浮かんでくる自分の気持ちを連想してあそぶゲームです。行動に気持ちが伴うのと同じで、「もの（名詞）」に対してもいろいろな気持ちが湧いてくることを知らせます。
　ホワイトボードを利用し、セリフを書いて説明した後、実際にリズムに乗ってセリフを言ってみるとわかりやすいでしょう。1周目は練習にして、全員がゲーム体験をします。慣れるまでは、拍手のスピード調節や拍手の回数を増やしてもいいでしょう。手順⑤にある輪から抜けるルールは、感情語彙が増えてきてからでもいいです。初めはさまざまな感情語の連想を楽しむことを重視しましょう。　　　■

感じ方は人それぞれです

38 きもち文字あつめ

あそびの目的

• 感情語彙を増やす。

準備・用意するもの

● 4〜5人のグループ
● おはじき

あそびの手順

① グループで輪になり、場におはじきを広げる。

② 順番を決め、1番から感情語を発表し、文字数分おはじきを手元に取る。
(例)「お・い・し・い」と言いながら、1文字ずつおはじきを取っていく

お・い・し・い

❸ 2番も同様に、自分が発表した感情語の文字数のおはじきを手元に取る。

❹ 場におはじきがなくなったら終了。

❺ 一番たくさんおはじきを持っている人が勝ち。

あそび方と保育者の配慮

おはじきはたくさんあったほうが楽しめます。数が準備できない場合は、グループの人数を減らすことも可能ですが、最低でも3人のグループにしてください。人数が減りすぎると、あそびの難易度が下がってしまいます。難易度を下げたくない場合は、画用紙を切ったものや牛乳瓶のふたなど、別のもので代用してもいいです。

感情語彙の獲得が十分にできているとあそびが盛り上がるので、活動前に、感情語について子どもと保育者が考える時間を作ってもいいでしょう。「1文字は1個のおはじき」という1対1の関係が理解できれば楽しめます。「おいしい」は4文字だからおはじきは4つもらえる、という関係です。感情語彙を増やしながら、文字と数の理解力も身につきます。

最終的に、おはじきを一番たくさん持っている人が勝ちなので、感情語の中でも文字数をたくさん持っている言葉を選ぶほうが有利

なことに気づけるようにすると、いろいろな感情語の獲得に意欲が高まるでしょう。あそびのアレンジとして、オノマトペの言葉を加えたルールにしてもおもしろいですよ。　■

画用紙を丸く切ったものや
牛乳瓶のふたでもオッケー！

39 五十音 きもち陣取りゲーム

あそびの目的

• 感情語彙を増やす。

準備・用意するもの

- 3〜4人のグループ
- 陣取り用シート（25マス×25マス程度）
- クレヨン・色鉛筆など
- 五十音表

あそびの手順

① 陣取り用シートをグループに1枚配る。

② 自分の色を1色選び、陣地カラーにする。

③ 順番を決め、1番から五十音順に感情語を考えて発表する。

④ 発表した感情語の文字数分、マスに色を塗り、自分の陣地とする。

（例）あ…あきる、い…いらいらする、う…うれしい、え…えらい、お…おもしろいなど

「い」いらいらする

「あ」あきる

「う」うれしい

⑤ 2番の人は「い」、3番の人は「う」のように、五十音順に進めて、陣地を増やしていく。

⑥ 回ってきた文字の感情語が思い浮かばない場合は、パス。次の人が次の文字の感情語に進む。

あそび方と保育者の配慮

　陣取り用シートのマス目数に決まりはありませんが、マス目の多いほうが陣地を広げやすいので、あそびが盛り上がります。同じグループのメンバー同士で、陣地カラーが重ならないように伝えましょう。進めていく上で、五十音表があると文字に迷わずあそべるので、グループに1枚か全員が見える位置に大きめの表を貼っておくなど、工夫して準備してください。自分に回ってきた文字が頭についた感情語を考えなければならないので、少し高度なあそびになります。

　答えた数だけ陣地が広がっていくのも、子どもたちの楽しみになります。パスした場合、陣地を増やすことはできません。そのまま次の人に順番を回すルールにしていますが、答えられる人がいれば、答えた人が陣地を広げることができるルールにしてもいいでしょう。五十音すべて終わった時点、またはマスがなくなった時点で終了になります。最終的に、陣地が一番多い人が勝ちです。

　時間があれば、グループ内でどんな感情語が出てきたのかを発表し合うと、同じ文字でも違う感情を連想する人がいることもわかります。さまざまな感情語があることに改めて気づく機会になるでしょう。　■

どんな感情語が出たのか発表しましょう

40 やったー!! ポイント

あそびの目的

- できるようになったことや成功したことなど、「やったー!」と感じたことを発表できるようになる。
- 自分のがんばりに目を向けることができるようになる。
- 友だちのがんばりに気づけるようになる。
- 長期的に取り組むことで、日常的に自分のことをポジティブにとらえる意識をもつ。

準備・用意するもの

- やったー!! ポイント（巻末資料）
- ポイントをためる個人用カード（巻末資料）またはクラス用ポイント表など
- 4人程度のグループに分かれる

あそびの手順

① ポイントをためるためのルール説明をする。

- 自分ができるようになったこと、成功したこと、頑張ったことなどの「やった!」を見つけられたらポイントになる。

やったーポイントは
1日2つ貼れるよ！

- 友だちのよいところやがんばっているところを見つけたら、本人も友だちもポイントになる。
- 1日に貼れる「やったー!! ポイント」は2つまで。

---

② 各グループで、それぞれの「やった!」について1人ずつ発表していく。

---

③ 発表できたら「やったー!! ポイント」を個人カードに貼る。

---

④ 友だちの「やった!」を見つけたら発表する。

---

⑤ 見つけた子どもと見つけてもらった子どもの両方が「やったー!! ポイント」を個人カードに貼る。

あそび方と保育者の配慮

「やったー!! ポイント」をキャラクター化して、子どもたちが親しみをもつようにしています。巻末のイラストをうまく活用してください。

毎日でなくても、曜日を決めて定期的にポイントを確認しましょう。長期間取り組むことで、ポジティブな思考で自分の行動を決められるようになります。クラス全体の意識向上のため、模造紙を利用してグループ単位でポイントリレーをしても面白いですね。慣れるまでは、クラス全体の活動として保育者が進行役を務めてもいいでしょう。　■

やったー!!

41 ぴょんぴょんジャンプ

> **あそびの目的**
>
> • 腹が立ったとき、身体を動かして発散することで怒りの感情をスッキリさせる。

準備・用意するもの

• 特になし

あそびの手順

① あそびの目的を伝え、腹が立ったとき、気持ちをスッキリさせるテクニックとして教える。

② 実際に、ぴょんぴょんジャンプ*をやってみる。

＊「♪おこったときには」「♪イライラしたら」は身体に力を入れ、にぎりこぶしを作る。「♪ぴょんぴょんぴょん」「♪ジャンプジャンプジャンプ」はその場で跳んだり跳ねたりダイナミックにジャンプする。「♪さいごはゆっくり深呼吸」は深呼吸し、「♪そしたらきもちはスッキリだ」はジャンプして手を広げる。

❸ おこったときには ぴょんぴょんぴょん イライラしーたら ジャンプジャンプジャンプ

さいごは ゆっくり しんこきゅう そしたら きもちは スッキリだ

❹ ぴょんぴょんジャンプで遊んだ後は、どんな気持ちになったかを子ども
たちに話してもらう。

（例）「ぴょんぴょんジャンプをしたら落ち着く」「少し気持ちが楽になる」
「楽しい気持ちになる」など

あそび方と保育者の配慮

　怒りは、自分の心と身体が傷つきそうになった際、自身を守るために発動します。しかし、怒りの表現方法を間違えると攻撃性が高くなります。このあそびは、怒りの炎が小さなうちに沈下させる解消法です。使うタイミングとしては、怒りが大爆発する前が効果的です。

　初めは歌あそび、リズムあそびとして取り入れます。そのとき、簡単に歌詞の説明もしましょう。ぴょんぴょんとジャンプして怒りのエネルギーを発散させるあそびとして、いつでも使えるように習慣づけておきます。「ムカッときたとき」「モヤモヤしたら」など、怒りの場面をイメージできる修飾語を子どもに考えてもらい、いろいろなパターンのジャンプを楽しみましょう。怒りに対するテクニックですが、楽しく発散できる工夫ができるといいですね。■

42 息いき!
顔スッキリたいそう

> あそびの目的
>
> • 腹が立ったり、落ち込んだりしたときの気持ちのリセット方法を知る。

準備・用意するもの

• 特になし

あそびの手順

1

①「両手で口をつまんで、鼻で息をするよ。息を吸って1, 2, 3, 4。息を吐いて5, 6, 7, 8」

②「もう一回するよ。息を吸って1, 2, 3, 4。息を吐いて5, 6, 7, 8」

③「両手でほっぺたを挟むよ。はさんだままぐるぐる回すよ。1, 2, 3, 4, 5, 6, 7, 8」

④「反対に回すよ。1, 2, 3, 4, 5, 6, 7, 8」

⑤「鼻をつまんで、口で息をするよ。息を吸って1, 2, 3, 4。息を吐いて5, 6, 7, 8」

⑥「もう一回するよ。息を吸って1, 2, 3, 4。息を吐いて5, 6, 7, 8」

⑦「両手でこめかみをはさむよ。はさんだままぐるぐる回すよ。1，2，3，4，5，6，7，8」

⑧「反対に回すよ。1，2，3，4，5，6，7，8。」

⑨「今度は鼻から吸って、口から息を吐くよ。鼻から吸って1，2，3，4。口から吐いて5，6，7，8」

⑩「もう一回するよ。鼻から吸って1，2，3，4。口から吐いて5，6，7，8」

⑪「両手でおでこを押さえるよ。押さえたままぐるぐる回すよ。1，2，3，4，5，6，7，8」

⑫「反対に回すよ。1，2，3，4，5，6，7，8。」

⑬「最後は2回、両手を広げて深呼吸。息を吸って1，2，3，4。息を吐いて5，6，7，8 (×2)」

---

❷　「息いき！ 顔スッキリたいそう、おしまい！」とコールする。

あそび方と保育者の配慮

　心が乱れているときは、鎮静作用のある深呼吸が効果的に働きます。脳にたっぷり酸素を送りながら、両手で顔のマッサージをして筋肉をほぐしていきます。子どものペースに合わせて、ゆっくりカウントしてください。始ま

りと終わりに元気よくコールをして、楽しく行いましょう。深呼吸をしたり、しかめっ面をマッサージして刺激を与えることで、気持ちがリセットされる感覚を伝えていきましょう。　　　　　　　　　　　　　　■

43 スーハー・スーハー・わっはっはー

> **あそびの目的**
>
> ● 大きく深呼吸をして大声で笑うと、気持ちが自然とスッキリすることを味わう。
> ● 楽しくないときでも、笑っていれば楽しくなる感覚を体験する。

準備・用意するもの

● 大声を出せる場所

あそびの手順

1 子どもと一緒に、スーハー・スーハーと大きく深呼吸する。

①始める前に、身体の中にある空気を吐き切る。

②吐き切ったら、一気に「スー」と鼻から息を吸う。

③吸い切ったら、一気に「ハー」と口から息を吐く。

④繰り返す。

2 深呼吸をした後は笑う。とにかく笑う。声を出して、大袈裟すぎるほど笑ってみる。

❸　子どもたちとその場の雰囲気を楽しむ。

「笑う門には福来る」と言いますが、笑うことは人間にとって効果があるといわれています。例えば、脳の働きが活性化したり、血行促進効果があったり、筋力アップや幸福感をもたらしたりするそうです。このあそびは、気分が落ち込んでいるときのネガティブ感情を解消するためのあそびです。

笑うときは、とにかく思いっきり笑ってください。腹の底から笑うこと。横隔膜をしっかりと動かし、副交感神経を刺激するような笑いが最高です。最初にスーハーと大きな深呼吸して、お腹に空気を入れたところから、大笑いしてみましょう。できるだけ長い時間笑い続けます。喉から笑うのではなく、お腹から笑うことを子どもにも伝えていきます。

初めは楽しくなくても、続けているうちに本当に楽しく笑えるようになります。その感覚を味わえるまでやってみてください。子どもは、大人ほど抵抗なく楽しめることでしょう。　■

幸福感
脳の働きが活性化
筋力アップ

44 心のマッサージ屋さん

あそびの目的

- 身体にやさしく触れ、なでることで心地よい気持ちになれる部位を探す。
- 子どもの気持ちと向き合い、肌と肌がふれあうことで、言葉を超えた心と身体のコミュニケーションを図る。

準備・用意するもの

- ゴザやマット、カーペットなど（子どもが保育者の膝に座ったり、寝転がれる場所を作る）。

あそびの手順

1 気持ちが落ち込んでいる子どもを誘い、心と体のマッサージをする。

2 保育者の膝に座らせ、ゆったりと話しかけながら肩から背中、膝など触れやすい部位をやさしく上から下へなでおろす。

3 気持ちがほぐれてきたら、「心のマッサージ屋さんへようこそ」と声をかけ、寝転がるよう促す。

④ 仰向けの状態で、頭、肩から手の先、手のひら、太ももからつま先へ、ゆっくりとなでおろす。

-----

⑤ うつ伏せの状態で、頭、肩から背中、お尻、太ももからかかとにゆっくりとなでおろす。

-----

⑥ 保育者は子どもの気持ちを詮索せず、肌と肌のふれあいに集中しながら、子どもが心地よさを感じている部位を中心に、やさしくなでながらマッサージする。

あそび方と保育者の配慮

　肌と肌が触れ合うスキンシップには、心を安定させる効果があります。子どもが落ち込んでいるとき、その気持ちに気づき、心に寄り添い、そっと抱き寄せ、スキンシップをとってもらうと、子どもは保育者との心のつながりを感じるでしょう。

　このあそびは、気持ちの受容をやさしく触れる行為により、言葉を超えたコミュニケーションの時間にしていきます。大事なのは、「ながらマッサージ」をしないこと。ほかの子どもと会話をしながら、マッサージの途中で「ちょっと待ってね」と別のことをしながらなどはNGです。数分間でもいいので、マッサージの時間に集中します。日中の保育で時間がとれないようなら、午睡時などを利用するのもよいでしょう。気持ちよく入眠でき、気持ちもリセットされやすくなります。■

45 怒り玉

> あそびの目的
>
> • スッキリ感を味わう。
> • 快の感情を楽しみ気持ちをリセットする。

準備・用意するもの

- 製作時：コピー用紙・色鉛筆やマーカーなど・ビニール袋・セロハンテープ
- 事後活動：安全に動ける広い場所

あそびの手順

① コピー用紙に、腹の立つ出来事を書く。

② 書いたら、紙を細かく破ってビ
ニール袋に入れ、空気を吹き
込み結ぶ。

❸ 結び目と反対側の角をそれぞれ折り込み、セロハンテープで固定し、
ボール型にする。

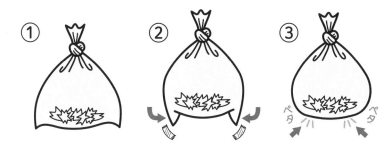

❹ 広い場所に移動して、怒り玉を跳ね上げたり、飛ばしたりして遊ぶ。

❺ 子どもたちが気持ちを発散し、活動が一段落したら集いをして今の気
持ちを聞き共感しあう。

あそび方と保育者の配慮

　怒りは感じることはあっても、かたちとして見ることができないため、なかなかイライラ感を手放すことができないものです。このあそびでは、腹の立つ出来事を絵に描いたり、文字にすることで、怒りを視覚化します。保育者は、破ることで怒りを手放すイメージを子どもが感じられる声かけをしましょう。さらに、快の刺激に変えられるよう、怒り玉に作り替えて、楽しみながら怒りのエネルギーを解消させていきます。

　ビニール袋は、袋下の角を折り込むことで、張りができよく飛びます。ひと手間かけて、事後活動も楽しめるようにしましょう。安全確保のため、製作と発散活動の場は分けてください。気持ちを発散した後、振り返りの時間をとるのもいいです。出来事を描いた紙を破っ

たときの気持ちや、発散活動を終えた今の気持ちを話したり聞いたりする時間をとることで、怒りを解消できたことが実感できるようになります。　　　　　　　　　　　■

46 まあるいココロ

あそびの目的

• 腹が立ったり、落ち込んだりしたときの気持ちをデトックスする。

準備・用意するもの

- 画用紙
- 粉パステル
- 新聞紙
- 紙皿
- セロハンテープ
- 手拭き

あそびの手順

1 広げた新聞紙の上に画用紙を広げ、セロハンテープで固定する。

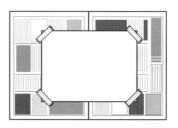

2 好きな色の粉パステルを2色選び、1色ずつ紙皿に乗せる。

❸ 粉パステルをつけた手のひら
を広げ、丸を描くように両手で
スリスリ、クルクル画用紙に色
を塗り広げていく。

----

❹ 車のワイパーのように左右に手を動かすのではなく、丸く描けているか
を確認し、画用紙の端まで塗り込むよう伝える。

----

❺ 2色の色を使って自由に塗り広げることができたら完成。

あそび方と保育者の配慮

　自分が好きな色のパステルを使い、手のひ
らでまるく、スリスリ、クルクル画用紙をなで
る行為はやさしい刺激になり、とても気持ちが
よいものです。心がネガティブなときに、心の
モヤモヤをデトックスしてくれるでしょう。

　色はエネルギーをもっています。好きな色は、
選んだ人に前向きな気持ちや癒しの刺激を与
えてくれます。「まあるいココロ」は、色の力を
借りて気持ちをデトックスするあそびです。粉
パステルは、角パステルを網で削ると簡単に作
ることができ、小さなボトルに入れて保存して
おくと、紙皿に出しやすいです。赤・橙・黄・
緑・青・紫・白・黒などを基本色とし、10〜15
色程度準備してください。混ぜすぎるとにごっ
てしまうので、選ぶのは2色程度にします。

　保育者は、「まあるいココロ」をイメージし
ながら、両手をまるく動かすことを伝えます。
力を入れて塗り込むよりは、やさしくふんわり
と手を動かしていくほうがデトックス効果は高

まります。セロハンテープで固定しておくと画
用紙がずれずに、活動に集中できます。作品
が完成した後は、手のひらが汚れているので、
手拭きタオルかウエットティッシュがあると便
利です。色止めスプレーを振っておくと、作
品の色が他の作品に移らずにすみます。■

47 おたすけレンジャー

> **あそびの目的**
>
> - 悔しいときや困ったとき、かなしいとき、痛いとき、わからないとき、疲れたときの気持ちの切り替え方法を知る。
> - ネガティブな心にエネルギーを注入してくれるキャラクターをイメージすることで、元気になれる。
> - 想像力を膨らませながら、自分で心の状態を調整できるようになる。

準備・用意するもの

- おたすけレンジャーシート（巻末資料）
- 色鉛筆・鉛筆

あそびの手順

1 おたすけレンジャーの説明をする。

- おたすけレンジャー・レッド…悔しいときにがんばる力のエネルギーを注入してくれる。
- おたすけレンジャー・オレンジ…困ったときに助けを求めるエネルギーを注入してくれる。
- おたすけレンジャー・イエロー…かなしいときにおもしろいことを考えるエネルギーを注入してくれる。

- おたすけレンジャー・グリーン…痛いときに自分を励ますやさしさのエネルギーを注入してくれる。
- おたすけレンジャー・ブルー…わからないときに質問できる勇気のエネルギーを注入してくれる。
- おたすけレンジャー・パープル…疲れたときに心を休ませる癒しのエネルギーを注入してくれる。

❷ おたすけレンジャーシートに色を塗る。

❸ 活動の振り返りでは、保育者が事例を出し、助けてもらいたいレンジャーを子どもに考えさせる時間を作る。
(例)「運動会で転んでしまったよ。そんなとき、自分だったらどのおたすけレンジャーにエネルギーを注入してもらいたいかな？」

あ そ び 方 と 保 育 者 の 配 慮

想像力が豊かな乳幼児期の子どもだからこそ効果のあるおたすけレンジャーです。心が折れそうなとき、自分を助けてくれるレンジャーが心の中にいるイメージをもつことで、心のピンチを救うことができます。自由に色づけすることで、自分だけのヒーローを作ることができるでしょう。子どもたちのイメージが具体化できれば、おたすけレンジャーが気持ちを切り替えるきっかけになります。

活動の振り返りでは、ネガティブな感情が湧く事例を出し、一つひとつのレンジャーについてイメージを共有します。エネルギーをもらった後、気持ちの調整ができ、自分が元気になれそうかどうかも話し合っておきましょう。必殺技を考えて、おたすけレンジャーごっこをしても楽しいですね。■

48 癒しのランプ

あそびの目的

• 悲しいときに心を癒す方法を事前に考えておくことで、早めに修復することができる。

準備・用意するもの

● ワークシート（巻末資料）
● 鉛筆・色鉛筆

あそびの手順

① ワークシートを1枚ずつ配る。

② 癒しのおいしいランプには、食べたら幸せな気持ちになる食べ物の名前を書いたり、絵を描いたりする。

❸ 癒しのあんしんランプには、自分が一番安心する人の名前を書いたり、絵を描いたりする。

❹ 癒しのたからものランプには、自分が大好きなものの名前を書いたり、絵を描いたりする。

❺ ランプに色づけをして仕上げる。

あ そ び 方 と 保 育 者 の 配 慮

　悲しい気持ちを自分の中で調整し癒すためのワークスタイルのあそびです。それぞれの癒しランプにはお題があり、食の癒し、愛情の癒し、物の癒しを煙の中に記入します。文字、絵、どちらの表出でもかまいません。大切なのは、心が傷ついたとき自分を癒してくれるアイテムを使い、心の回復を図れるかどうかです。おいしいものを食べたり、誰かに抱きしめてもらったり、無心になって好きなおもちゃで遊んだりすることで、自分の心を救うことができることを子どもに伝えてください。悲しい気持ちの具体例を出しながら、子どもがイメージしやすい説明ができるよう工夫します。実際に悲しいときやつらいときに心を立て直すアイテムとして使えるよう、普段の生活でもサポートしていきましょう。

　癒しのランプは、悲しいときに自分の心を助けてくれる魔法のランプです。保護者とも共有しながら、子どものしなやかな心を育んでいきましょう。

　ワークシート完成後、振り返りの時間があれば、そのアイテムを選んだ理由を聞いてみるのもいいでしょう。子どもの癒しアイテムを知っておくと、保育者は気持ちに寄り添いやすくなります。　■

さっちゃんの癒しアイテムはどんぐりです

えー！知らなかったー！

49 ごきげんチャンネル

あそびの目的

- 気持ちが落ち込んだときや腹が立っているときに、気分を切り替えられるようになる。
- 自分の気持ちの対処法を知る。
- 気持ちの調整ができるようになる。

準備・用意するもの

- ワークシート（巻末資料）
- クーピーペンシルまたは色鉛筆
- 鉛筆

あそびの手順

1 ワークシートを1枚ずつ配る。

2 3つのごきげんチャンネルに好きな色を塗る。

3 落ち込んだとき、腹が立ったときの対処アイテムを3つ考えて記入する。

④ 振り返りの時間をとり、ごきげんチャンネル発表会をする。

⑤ ワークシートを壁面に貼り、保護者に紹介する。

あそび方と保育者の配慮

ワークシートを使い、ネガティブな感情にとらわれている状態をポジティブに変換するための解消法を探すあそびです。テレビのチャンネルを変えると画面が切り替わるように、自分が考えた「ごきげんチャンネル」で自分の気持ちを切り替えていくイメージです。チャンネルに色づけすることで、ワークシートを持っていないときでも、チャンネルイメージが湧きやすくなります。

ワークシートの作成は、自分の気持ちに向き合い、その気持ちを理解した上で対処法を考える機会になります。ネガティブな気持ちにマイナスなイメージをもつのではなく、そうなったときにどう対処していくかが大切だと伝えてください。そのとき自分が失敗したり後悔しないためにワークシートを作るという目的も理解できるといいですね。

振り返りの時間をとると、友だちの「ごきげんチャンネル」対処アイテムのアイデアを知ることができ、参考になります。また、壁面に貼って保護者に活動の様子を紹介すると、保護者の感情教育にもつながります。子どもの感情教育の重要性を伝えつつ、家庭でも意識してもらえれば、子どもの感情はより豊かになるはずです。　■

50 解決！ それいいね！ すごろく

あそびの目的

- 自分のネガティブな体験を友だちに話し、気持ちに寄り添ってもらったり共感してもらう。
- 問題の解決や解消のアイデアを、友だちと一緒に出しあって考える。

準備・用意するもの

- すごろくボード（画用紙四つ切り。スタートから36マス程度で1周できるように作成）
- おはじき
- サイコロ
- コマ
- 鉛筆
- 色違いの大きめの付箋
- 3〜4人

あそびの手順

1 1人1色の付箋を5枚渡し、それぞれ自分の付箋にネガティブな体験を1枚につき1つずつ記入する。

2 1人5つのおはじきを持ち、順番を決めてスタート。

❸ 1番目の人は、サイコロを転がし出た目の数だけコマを進める。手持ちのおはじきを置き、自分の付箋を1枚貼る。

❹ 同様にゲームを進めていき、おはじきと付箋がなくなるまで続ける。手持ちがなくなったらコマだけ進める。

❺ 止まったマスに付箋が貼ってある場合は、解決方法や解消方法のアイデアを出し、本人が「それいいね」と言ってくれたら付箋を外し、ご褒美におはじきをもらう。

先にあやまったら？

それいいね！

❻ すべての付箋が外れ、問題が解決したらゲーム終了。ご褒美をたくさんもっている人が勝ち。

あそび方と保育者の配慮

　事前に問題を記入しておくとスムーズに進みます。

　保育者は、2周目の解決ゾーンの説明を丁寧にしましょう。例えば「転んで痛かった」→「先生に言って消毒してもらう」。「縄跳びが難しい」→「上手な友だちに教えてもらう」などです。問題には感情語を入れ、解決方法は当人の行動の提案です。当人が無理だと思うとご褒美はもらえず、付箋はそのままで次に止まった人が別の解決法を提案します。

　日常の保育で、「この問題はどうやったら解決できるかな？」と問いかけ、解決、解消する前向きな視点で考える習慣を育んでいきましょう。■

51 心の感情タンク

> **あそびの目的**
>
> • 感情語彙を増やす。
> • さまざまな立場や状況で感じる気持ちについて考える。

準備・用意するもの

- 心の感情タンクシート（巻末資料）
- 筆記用具

あそびの手順

① 心の感情タンクシートを1枚ずつ配る。

② シートの「（　　　）感情タンク」の（　）に、テーマとなる言葉を入れる。

（例）ポジティブ・ネガティブ・保育者・子ども・保護者など

「ポジティブ・ネガティブ・保育者・子ども・保護者」のワードを入れるよ〜

❸ テーマに沿った感情語彙を感情タンクの中に記入する。

❹ 4人程度のグループになり、記入した感情語彙を発表し合い、シートに書き加えていく。

❺ 新しいシートを配り、同様にあそびを進める。

あ そ び 方 と 保 育 者 の 配 慮

　子どもに感情教育をしていくためには、保育者自身の感情語彙を増やしておくことが必須です。このあそびは、感情タンクにタイトルとなるテーマをつけて、テーマに沿った感情について考えていくゲームです。初級編として、ポジティブな感情とネガティブな感情から始めると記入しやすいでしょう。ここでたくさんの感情語彙を記入できれば、少し難易度の高くなる保育者、子ども、保護者など、違う立場の「心の感情タンク」についても考えてみるといいでしょう。

　この場合、漠然としていると考えにくいので、状況設定をするとイメージが湧きやすくなります。例えば、「子どもが階段から滑り落ちてけがをした状況」「迎えの時間が30分遅れている状況」「運動会当日に、午後保育をしなければならない子どもがいる状況」などネガティブな感情が湧きやすい状況設定や、逆に「発表会で子どもがすばらしい演奏をしている状況」「卒

園式で子どもが卒園証書をもらっている状況」など、ポジティブな感情が湧きやすい状況設定もいいでしょう。さまざまな状況により、さまざまな立場の人が、さまざまな感情を心に抱いていることを、再確認することができます。各グループで、なぜその感情を連想したのかを話し合うと、感情理解も深まります。　■

感情語彙数を増やすことが大事です！

52 HAPPY列車

あそびの目的

• 保育者が、自分の本心に向き合うことができる。

準備・用意するもの

• 全員で輪になる
• ボール

あそびの手順

1 全員で輪になる。立っても座っても良い。

2 「線路は続くよどこまでも」を歌いながら、ボールを時計まわりに回す。

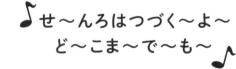
♪せ〜んろはつづく〜よ〜
ど〜こま〜で〜も〜♪

❸ 歌の最後にボールを持っていた人は、言いたいけど言えなかったことを告白する。

（例）「本当は、もっとスマートになりたい！」「本当は、カッコイイ彼氏がほしい！」「本当は、自分が大好き！」

----

❹ 他の人は、勇気づけの言葉をかけて応援する。

----

❺ 本心と十分に向き合えたら、ゲームを続ける。

あそび方と保育者の配慮

「HAPPY列車」に見立てたボールを、歌に合わせて回していきます。列車が歌の最後にたどり着くのは、幸せ願望をもつ人の手元です。誰もがもっている「○○だったら幸せなのにな〜」という自分の願望に向き合い、それを素直に言葉にするあそびです。

お金や人間関係、健康、ライフワークなど、どんな願望でもかまいませんが、誰かを誹謗中傷する言葉は避けましょう。それを避ければ、いくつでも思い浮かぶことを告白していいです。言葉はエネルギーをもっています。マイナスな言葉を発するよりも、ポジティブな言葉を発しているほうが、言葉のエネルギーはプラスの効果を高めます。自分が幸せな状態を想像し、欲求や願望を言葉にすれば、それを叶えるための意識が高まります。さらに、みんなの前で告白すれば、応援や協力も得られるようになります。

みんなの前で告白などできないと思う人もいるかもしれませんが、歌を楽しく歌えば大丈夫です。歌うと「幸せホルモン」の分泌により心が開放され、自分の中にある思考や感情が整理されるといわれます。歌あそびを楽しみながら、自分の本心と向き合ってみてください。■

53 脱KY

あそびの目的

- 保育者の感情受容力を高める。
- その場の雰囲気を察したり、気を利かすトレーニングになる。
- 相手の気持ちを察して、寄り添った声かけができるようになる。
- 気持ちコミュニケーションのスキルを上げる。

準備・用意するもの

- 2チームに分かれる

あそびの手順

① 2チームに分かれ、出題チームと回答チームを決める。

---

② 出題チームは相談して、お題となる感情と場面設定を決める。

（例）保護者に苦情を言われているときの保育者の気持ち

---

③ 出題チームは、その感情が影響している空気感を作り出して演じる。

④ 回答チームは、雰囲気と気持ちを読み取り、答えとなる感情や対応法を決める。

---

⑤ 回答チームの代表が、出題チームに加わり、解決に導くための声かけや対応をする。

(例)「苦情を受けるのって精神的にしんどいよね」「落ち込む気持ちもわかるよ。一緒に信頼回復する方法を探しましょう」

---

⑥ 出題チーム、回答チーム、それぞれ感想を伝える。

あそび方と保育者の配慮

保育者は、空気を読めるスキルをもっていると、先回りして配慮できたり、「ここ」という瞬間に適切な対応ができるので大変役立ちます。空気が読めない人のことを「KY」といいますが、ここでは脱KYを目指すトレーニングをしていきます。

回答チームは、クイズ感覚でチームメンバーと協力しながら、雰囲気や気持ちを読み取り、その場にピッタリな声かけや対応法を考えます。一方、出題チームは、お題となる感情を言葉にせず、その場の空気感を作り出す工夫をします。お題は、例を参考にしながら、子どものケンカの場面に立ち会った保育者の気持ち、失敗してしまった後輩に声をかけている先輩保育者の気持ちなど、どんな場面を設定してもかまいません。身振り、表情、実際に言葉のやりとりをしてもOKです。チームで役を決めて演じてみましょう。

出題チームの実演が終わったら、回答チームのシンキングタイムの時間をとります。連想する感情や対応法は1つだけとは限りません。最後に両チームが感想を言い合うことで、他の感情や対応について意見交換ができ、気持ちコミュニケーションの視野が広がります。■

54 心の分身 〜いい子ちゃんと わるい子ちゃん〜

> あそびの目的
>
> ●感情コントロールのトレーニング。

● ホワイトボード
● マーカー

① ホワイトボードにお題を書く。

（例）「月案を今日中に仕上げる」「真二君がケンカをしている」「朝起きたら二日酔い」など

② 3人組になる。

やろうよ！

やめとこうよ〜

③ 心の分身役のいい子ちゃんとわるい子ちゃんを1人ずつ決める。

❹ いい子ちゃんとわるい子ちゃんの真ん中に、本体となる残りの1人が座る。

---

❺ いい子ちゃんとわるい子ちゃんは、お題に対してそれぞれの立場で気持ちや欲求、願望を連想しささやく。

---

❻ 両方のささやきを聞いたあと、本体役はどちらが自分の心を動かしたか、理由を合わせて発表する。

あそび方と保育者の配慮

いい子ちゃんとわるい子ちゃんを演じる人は、役になりきってごっこあそびを楽しみます。あそびを始める前に、お題の案を投票してもおもしろいですね。心には、多かれ少なかれ「真面目にがんばらなきゃ」という気持ちと「面倒くさいからやりたくない」という気持ちが共存しています。私たちはその気持ちを調整し、コントロールしながら行動しています。その気持ちをいい子ちゃんとわるい子ちゃんに代弁してもらうことで、客観的に心の状態を俯瞰することができます。

いい子ちゃんは、「あなたならできるよ」「お互いの気持ちを尊重するのが大事だよね」「二日酔いだけど、仕事には行かなくちゃ」など、元気づけや勇気づけになるセリフをささやくようにします。反対にわるい子ちゃんは、「別に今日中じゃなくてもいいよね?」「またケンカしてるよ。イライラするよね」「あー、今日はもうずる休みしちゃおうよ」など、元気や勇気をくじくセリフをささやきます。本体役は、目をつむり、自分の心の中で起こりうるこれらのやりとりを聞き終わったら、どちらの言葉が心に響いたかを素直に答えます。そのうえで、もし実際にその状況になったときの自分の行動について、2人に話してみましょう。この一連の流れは、自分の感情や行動をコントロールすることの疑似体験になります。■

55 だだっこごっこ

あそびの目的

- 保育者の感情受容力を高める。
- 子どもの気持ちに寄り添うトレーニング。
- 気持ちを受容してもらう心地よさを味わう。

準備・用意するもの

- 3～4人のグループになる
- お題になるだだっこの人物設定を決める

あそびの手順

1 3～4人のグループになり、子ども役を1人決める。

2 だだっこの人物像について、行動の特徴を話し合い、箇条書きにしてまとめる。

3 だだっこロールプレイングスタート。

具体的に書くと
イメージが湧きやすいよ

「だだっこの人物像」
・ひとりっこ　・ピーマンが苦手
・外遊びが好き・怒ると手がでる
・待つことが苦手　・お昼寝が嫌い
・立ち直るのに時間がかかる
・一番になりたがる

❹ だだっこ役は、「○○が嫌だ」と、設定した人物像の気持ちになってだだをこねる。

----

❺ 保育者は、「○○が嫌なんだね」「そういう気持ちなんだね」と受容する。

----

❻ グループで感想を話し合う。

あ そ び 方 と 保 育 者 の 配 慮

このあそびで使っている「だだっこ」という言葉は、「駄々をこねる子ども」を意味しています。子どもがわがままを言って周囲を困らせたり、思いどおりにいかないことでかんしゃくを起こしたりすることを「駄々をこねる」と言います。

だだっこにはだだっこの気持ちがあり、それをうまく伝えられないから「駄々をこねている」とも考えられます。その気持ちをわかろうとしたり、受け止めてくれる人がいれば、駄々をこねる必要はなくなります。子ども役は、だだっこの気持ちになって「嫌だ」と、だだをこねてみてください。思いが伝わらないもどかしさからくる怒りを表現してください。そして保育者は、その思いを受容しまくります。どんな理不尽な状況であっても、受容します。言い分が正しいとは限らないので、肯定するというよりは、そのままの言葉でいったん受け入れるイメージです。

このやりとりを何度か繰り返した後、だだっ

こ役は受容してもらえたことでどんな気持ちになったのか、受容している保育者はどんな気持ちになったのか、それぞれ話し合う時間をとります。ロールプレイで感じた気持ちを忘れずに保育ができるといいですね。　■

わかるよ、その気持ち

いったん受け止めよう

56 クレーマークレーマー

あそびの目的

- 保育者の感情受容力を高める。
- 保護者の気持ちに寄り添うトレーニング。
- 気持ちを受容してもらう心地よさを味わう。
- 保護者支援のスキルを上げる。

準備・用意するもの

- 保護者役1人、保育者役1人
- お題になるクレームを決める

あそびの手順

1 保護者役1人、保育者役1人を決める。

2 お題になるクレームを出しあい、2人に演じてもらうクレームを1つに決める。

3 クレーム対応のロールプレイングスタート。

❹ 保護者役は、保育者に対しクレームを言い、怒りの表現をする。

----

❺ 保育者は、保護者の気持ちを受容しながらクレーム対応をする。

----

❻ ロールプレイング後、演じた側、見ていた側、それぞれ感想を伝え合う。

あそび方と保育者の配慮

一般的にクレームとは、自らが損害を受けたことに対する権利を主張したり、損害に対する請求を行ったりすることです。また苦情とは、害を受けていることに対する不満の気持ちやその気持ちを相手に伝えること、その言葉のことです。保育現場では、「クレーム＝苦情」と考えていいでしょう。

保護者は、園や保育者に対して不満があるとき、その気持ちを伝えようと「クレーム＝苦情」を伝えます。保護者の期待や願望などの欲求を満たすことができていないために沸き起こる不満や不安の言葉だと考えれば、受容しやすくなるはずです。保護者役、保育者役は、このような気持ちを踏まえつつ演じます。保育者役の対応により、気持ちが落ち着いてきたら、保護者役はクレームを取り下げてあげましょう。保育者役は、「どんな気持ちが隠れているのか、どうしてほしいのか」を、発せられる言葉から読み取る努力をします。すべての欲求を叶えることはできなくても、気持ちを受容し、できる範囲での改善策を伝えていきましょう。問題が収束したら、全員で感想を言い合い、アドバイスをし合うことで、保護者支援のスキルが上がります。 ■

57 鼻高さんの成功自慢

あそびの目的

- 保育に対するモチベーションを高める。
- 自己肯定感を高める。

準備・用意するもの

- メモ用紙
- くじ
- 筆記用具

あそびの手順

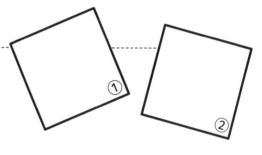

1 メモには番号を記入しておく。
（例）10人参加なら10枚用意
し、1〜10までの数を1つ
ずつメモの端に記入する

人数分用意してね！

2 メモ用紙を1枚ずつ配る。

3 成功を自慢したい鼻高エピソードを1つだけ記入する。

❹ 2人組になり、1人持ち時間1分で、それぞれの鼻高エピソードを自慢し合う（エピソード①）。

---

❺ くじ引きをする。出た番号を持っているペアが前に出る。

---

❻ 番号を持っている人の鼻高エピソードについて、本人ではなく、ペアの相手が自慢する（エピソード②）。

（例）2番のメモを持っている尚樹先生は、絵を描くのがとても上手です。特に猫の絵を描くと、子どもたちが、けんかをして欲しがるくらいの人気ぶりです。保護者のお知らせボードも、イラストをうまく活用しているので大好評です。これは、尚樹先生の自慢できる鼻高エピソードだと思います！

尚樹先生は絵を描くのが上手です！

あそび方と保育者の配慮

日々保育をがんばっている自分にエールを送るあそびです。一人ひとりの保育者が、自分のがんばりや成功体験を堂々と発表し、認めてもらえるステージがあれば、日々のモチベーションも高まります。

エピソード①は、少人数で自分が自分の自慢をするステージです。エピソード②は、一緒に話をしたペアの相手に、鼻高エピソードを託します。大勢の前で自分自慢は気が引けるけれど、他人のことなら堂々と話せます。このあそびを通して、同僚の得意なことを知り、お互いを尊敬し合える職場の雰囲気づくりをしてください。くじは、くじ引き用の箱、ビンゴのガラガラ、あみだくじなど、用意できるものでかまいません。 ∎

・安心
・臨機応変
・遊びが豊富

ベテラン保育者

・元気
・肌ぴちぴち
・斬新なアイデア

若手保育者

58 モチベーションUP法

あそびの目的

- 保育者のモチベーションを高める。
- 目標を達成するための行動を自分で決めることができる。
- 達成感を味わう。

準備・用意するもの

- モチベーションUPシート（巻末資料）
- 筆記用具

あそびの手順

❶ モチベーションUPシートを1枚ずつ配る。

❷ シートに以下の事柄を記入する。

- 理想の自分像
- 達成日時
- 理想の自分像を達成したい理由
- 達成するための具体的な方法・行動

❸ シートに記入したら、3人程度のグループになる。

④ グループで順番に、シートに書いた内容を発表する。

⑤ 同じグループのメンバーに、具体的な方法・行動のアドバイスをもらって記入する。

⑥ 今のモチベーションレベルと、設定日時に達成できたときの気持ちを記入する。

あそび方と保育者の配慮

　保育者研修用のコミュニケーションあそびです。週案や月案を書くイメージで、自分のモチベーションを高めるための計画表を作ってみましょう。

　自分像とは、「なりたい自分・理想の自分・○○ができている自分」という目標で、保育に限ったことでなくても大丈夫です。記入方法は、語尾を言い切るかたちがいいです。「○○になる！　○○する！　○○できる！」と、決めてください。そして、必ず達成日時を決めましょう。達成日時を設定し、なぜそうなりたいのかという理由を明確にすることでゴールが決まり、モチベーションが高まります。また、メンバーからアドバイスをもらうことで、新しい方法、行動が見つかり、理想の自分像に近づきやすくなります。もらったアドバイスは、シートに記入しておくことでいつでも確認できます。

　シートのすべての項目を記入した後、モチベーションレベルを記入します。レベルが高く、

自分像を達成できそうな勢いがある場合は、達成できたときの気持ちを記入して、シートの全項目が終了です。レベルが低い場合には、他の方法や行動を考えます。モチベーションが高まり、自分に合った方法や行動をメンバーと一緒に考えると、いいアイデアが見つかるはずです。書きっぱなしにせず、一定期間をあけて達成度を確認すると、効果が高まるでしょう。　■

59 魅力の宝石箱

> あそびの目的
>
> ● 同僚性を高める。
> ● 自己肯定・他者肯定ができるようになる。

準備・用意するもの

● 魅力の宝石箱シート（1人1枚。巻末資料）
● 宝石カード（人数分。巻末資料）
● 筆記用具・のり・はさみ
● くじ

あそびの手順

1 自分用の魅力の宝石箱シートを1枚と、人数分の宝石カードをカットする。

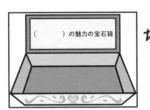

2 自分を含めた参加メンバーの魅力を宝石カードに記入する。

3 全員が描き終えたら、くじを引いて順番を決める。

❹ 1番は、自分の宝石箱シートを持って、メンバーが記入してくれた宝石カードを集めて回る。

---

❺ メンバーは、宝石カードの内容を伝え、裏にのりをつけた宝石カードをその保育者の宝石箱に貼り付ける。

（例）さっこ先生の魅力は、保護者とすぐに仲良くなれること！　みゆき先生の魅力は、あそびの引き出しをたくさん持っていること！　ちー先生の魅力は、ピアノがめちゃめちゃうまいこと！

---

❻ 全員の宝石カードを集めたら、最後に自分の宝石カードを発表し貼り付け、次の順番に回す。

あそび方と保育者の配慮

　始める前に、宝石カードを人数分切り取って準備をしてください。宝石カードには魅力のみ記入し、貼り付けるときに言葉を足して伝えましょう。同じ内容であっても、表現の仕方はさまざまなので、自分なりの言葉で伝えてください。宝石カードに名前を書いておくと記念になります（笑）。

　自分の魅力を同僚に肯定してもらえることは、自信につながり、日々の保育を向上させる意欲になります。同僚の中には苦手な先生がいるかもしれませんが、意識的に違う方向から見る努力をすれば、自分の知らない魅力が見えてくることもあります。その意味でも、このあそびは物事をプラスにとらえるヒントやトレーニングになります。■

60 心の泥掃除

あそびの目的

• ネガティブな感情を浄化できる。

準備・用意するもの

● 事前課題 (A4用紙1枚・無記名)

あそびの手順

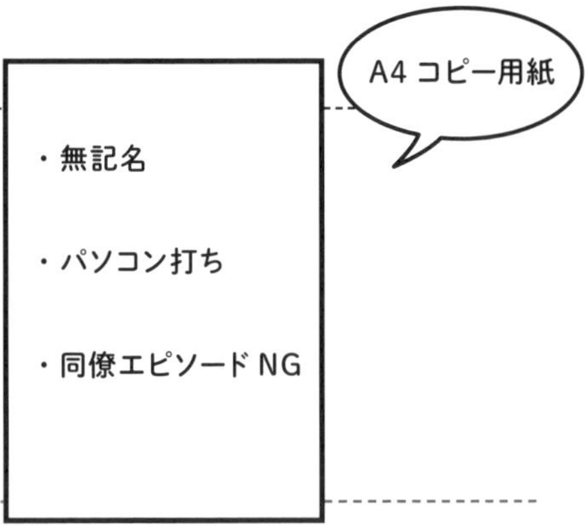

① 事前に、心の中にあるドロドロした感情やエピソードをパソコンで作成し印刷しておく。

・無記名

・パソコン打ち

・同僚エピソード NG

A4 コピー用紙

② 中が見えないように半分に折り、回収ボックスに入れる。

③ シャッフルして、半分に折った状態で参加者に1枚ずつ配る。

④ 自分のエピソードが配られたときは、再度シャッフルして配りなおす。

❺ 順番に手元に回ってきたドロドロエピソードを読み上げていく。

❻ エピソードを聞いた後は、全員でドロドロした感情にただただ、共感する。

あるよね〜

確かに腹立つわ

あそび方と保育者の配慮

世間体やプライドや理性が邪魔をして言えない心の中のドロドロした感情や、吐き出したいエピソードを文字に起こして心の外に排出しましょう。園内研修などで使用する際には、事前に職員に課題を伝え、準備して参加してもらいます。文章は、A4用紙1枚程度で作成します。無記名、パソコン打ちなので、誰のものかはわかりません。読み上げる前に、自分が書いた紙が回ってきたときには、必ずシャッフルしなおしてください。他人のドロドロなので、躊躇なく読み上げられます。

ここでは、問題解決を求めてはいけません（笑）。ドロドロを書き出し（掻き出し）、吐露することで、心の泥掃除をすることが目的です。保育のことに限らなくてもいいです。嫁姑、夫婦、友人、お金、男女など、腹が立つこと、悔しいこと、情けないこと、恥ずかしいこと、裏切られたこと、心の奥底に隠している今まで言えなかったことを吐き出してみましょう。

園内研修で行う場合は、同僚に関するエピソードは避けてください。エピソードを読み上げた後は、全員でドロドロした感情に、ただただ共感し合う時間をとります。「あるよね」「腹立つよね」「悔しいよね」と言葉にするだけで、心が軽くなる感覚を味わえるでしょう。ワークが終了した後、誰のエピソードかという詮索はしないようにしてください。　■

どんどん外に出すぞー!

資　料

P018参照

01 こころいろ

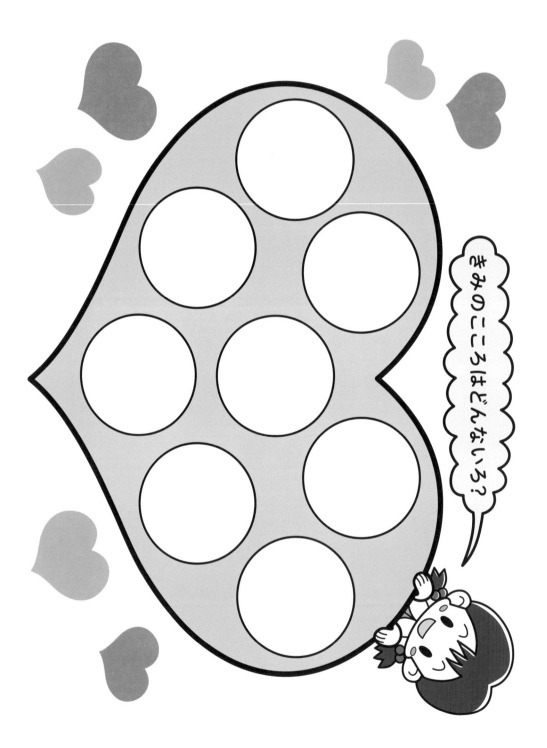

きみのこころはどんないろ？

P052参照

18 心配のタネと にじいろシャワー

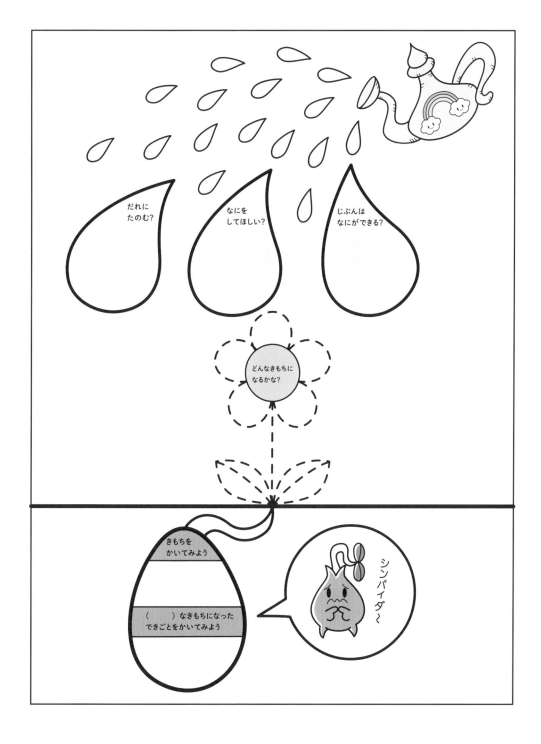

P096参照

40 やったー!! ポイント

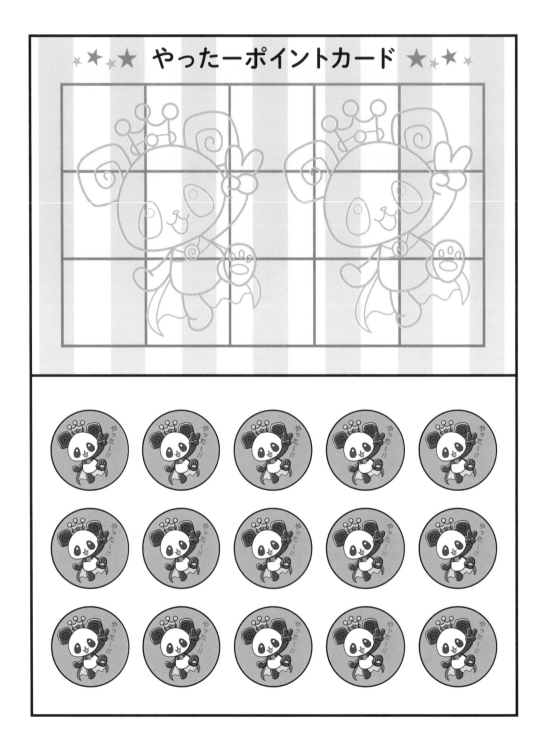

47 おたすけレンジャー

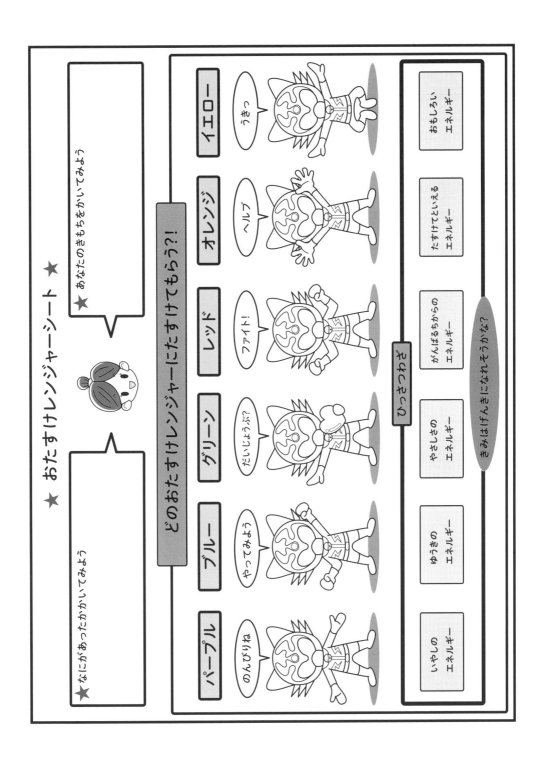

P112参照

48 癒しのランプ

いやしのおいしいランプ

いやしのあんしんランプ

いやしのたからものランプ

P114参照

49 ごきげんチャンネル

P118参照

51 心の感情タンク

心の感情タンク

状況設定やエピソードなど

（　　　　　　）の感情タンク

P132 参照

58 モチベーションUP法

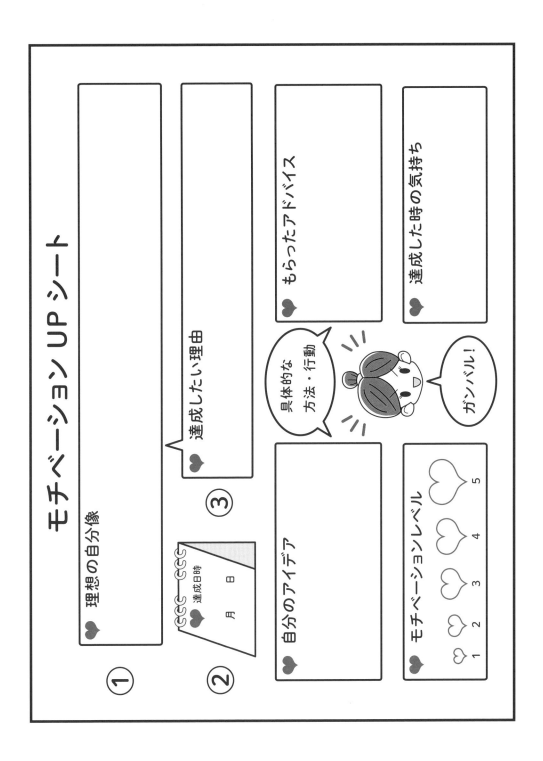

59 魅力の宝石箱

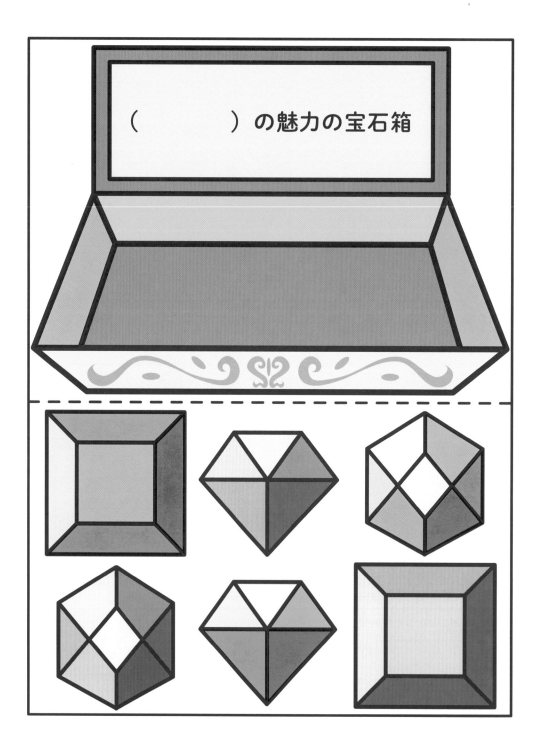

（　　　　　）の魅力の宝石箱

参考文献

グループこんぺいと編、横山洋子
『幼稚園・保育園のクラス担任シリーズ❾　今すぐできる0～5歳児の言葉あそび　BEST40』
黎明書房、2007年

菊池省三・池亀葉子・NPO法人グラスルーツ
『「話し合い力」を育てる　コミュニケーションゲーム62』
中村堂、2015年

小山混
『New！　いちばんたのしいレクリエーションゲーム』
主婦の友社、2017年

日本アンガーマネジメント協会監、篠真希・長縄史子
『イラスト版　子どものアンガーマネジメント　怒りをコントロールする43のスキル』
合同出版、2015年

高取しづか・JAMネットワーク
『イラスト版　気持ちの伝え方　コミュニケーションに自信がつく44のトレーニング』
合同出版、2007年

寺下謙三監、廣島大三
『感情豊かで幸せな子どもに育つ　アタッチメントベビーマッサージ』
保健同人社、2010年

渡辺弥生監、木村愛子編
『イラスト版　子どもの感情力をアップする本　自己肯定感を高める気持ちマネジメント50』
合同出版、2019年

横山洋子・頭金多絵
『発達とねらいを押さえた！毎日のちょこっとあそび』
学研教育出版、2012年

おわりに

- -

　本書の執筆期間は、2020年3月から4月にかけて。日本は緊急事態宣言発令により、自粛モード真っただ中にあります。私は、コロナ感染拡大防止対策として打ち出された3密環境を避けるため、保育者を対象としたコミュニケーション研修の講師としていただいていたお仕事がすべてキャンセルとなりました。そのおかげで(?)2か月もかけず、超スピードで本書の原稿を書き上げることができました。「今できることを精一杯やっていこう」という思いで、楽しみながら執筆しました。

　私のように仕事がなくなった人もいる一方で、医療・福祉現場では、休む暇なく命を削ってお仕事をされている方もおられます。保育現場もそうですね。学校関係は休校になっても、保育関係では開所せざるをえない状況の施設も多いのではないでしょうか。普段でも保育者が足りない状況なのに、神経をすり減らしてコロナ感染拡大防止作業を行わなければならないのですから、本当に大変だろうとお察しします。

　立場が違えば、抱える問題も悩みも違います。それでも、私たちは明日に向かって生活しなければならないのです。いつまでこの状況が続くかわかりませんが、こんなときほど、本書が役に立つのではないかと思っています。子どもだけでなく、大人も自分の感情と向き合いながら、気持ちを理解し、気持ちを伝え、気持ちを受け止める力が必要です。子どもと一緒にあそびながら、あなたの心のバランスも整えてください。あなたと子どもたちの心にヒットするお気に入りのあそびを見つけてほしいと思っています。

　最後になりますが、今回もたくさんの皆さまにサポートしていただきましたことに感謝いたします。

　本書出版を企画してくださった中央法規出版株式会社第一編集部の平林敦史さんには、執筆に当たり前作、前々作に引き続き大変お世話になりました。イラストレーターの山本尚樹さんには、いろいろ注文をつける私の要望に丁寧に答えていただき、素敵なイラストとワークシートを描き上げてくださいました。そして、いつも私を応援し、大切にしてくれる家族よ、大好きだ〜(笑)。何より、この書籍を手にとってくださったすべての皆さま、本当にありがとうございます。

2020年5月

著者　野村恵里

著者紹介

野村　恵里 （のむら・えり）

colorful communications代表。保育士。岡山市内の公立保育園に20年間勤務の後、現在、旭川荘厚生専門学院非常勤講師。一般社団法人日本アンガーマネジメント協会公認アンガーマネジメントファシリテーター。「ココロを育む気持ちコミュニケーションで保育改革」をコンセプトに、保育士のサポート活動に尽力。対子ども、対保護者、対同僚などアンガーマネジメントをベースに、保育に活かせるコミュニケーション方法の研修を行っている。著書に『保育者のためのアンガーマネジメント入門——感情をコントロールする基本スキル23』『保育者のための子どもの「怒り」へのかかわり方——アンガーマネジメントのテクニック』（中央法規出版）がある。

すぐに保育に使える！
子どもの感情表現を
育てるあそび60

2020年7月20日　発行

著　者　　野村恵里

発行者　　荘村明彦

発行所　　中央法規出版株式会社

〒110-0016　東京都台東区台東3-29-1 中央法規ビル

https://www.chuohoki.co.jp/

営業　　　　　Tel 03（3834）5817　Fax 03（3837）8037

取次・書店担当　Tel 03（3834）5815　Fax 03（3837）8035

印刷・製本　株式会社ルナテック

装　丁　　chichols

イラスト　　山本尚樹

【本書へのご質問について】

本書の内容に関する質問については、下記URLから「お問い合わせフォーム」にご入力いただきますようお願いいたします。

https://www.chuohoki.co.jp/contact/